Camperglück

TRAUMROUTEN AM MITTELMEER

Andreas Fischer

Camperglück

TRAUMROUTEN AM MITTELMEER

15 Tourenideen zu herrlichen Stränden, pulsierenden Städten und einsamem Hinterland am westlichen und östlichen Mittelmeer

BRUCKMANN

INHALT

Camperglück
UNSERE TOP 15 AM MITTELMEER

TOUR 1

TOUR 2

TOUR 5

TOUR 8

TOUR 9

TOUR 13

Camperglück
UNSERE TOP 15 AM MITTELMEER

CAMPERGLÜCK AM MITTELMEER

Nach Wochen und Monaten nordeuropäisch kalter, dunkler Winter sehnen wir Campervan-Traveller uns nicht selten nach dem warmen, sonnigen Süden. Wer das Glück hat, im Urlaub mobil und unabhängig zu sein, schon weil Bett und Küche immer mit an Bord sind, der kann spontan entscheiden: Genug! Wir fahren jetzt ans Meer!

ANS MEER INS GLÜCK

Die südeuropäischen Küsten des Mittelmeers zu erreichen, ist heutzutage kein Problem – und immer wieder ein Erlebnis. Wer kennt nicht den tollen Augenblick, wenn nach der Fahrt über die Alpen der glitzernde blaue Horizont durch die Windschutzscheibe grüßt! Nützlich ist es natürlich, schon im Vorfeld überlegt zu haben, in welche Hauptrichtung es gehen soll. Dabei will das Buch ein wenig helfen: Fahren wir nach Südwesten, Richtung Ligurien, Frankreich, Spanien? Geradewegs hinunter in den italienischen Süden, mit herrlichen Zielen wie Cinque Terre oder gar Sizilien? Nach Apulien oder, von dort wieder weiter im Norden, an die Adria um Venedig herum? Soll es vielleicht lieber der Südosten sein: Kroatien, die Küsten des Balkans oder Griechenland? Sogar noch weiter nach Osten, Richtung Türkei zu rollen, ist gut machbar: Zahlreiche Fährverbindungen ermöglichen den Sprung übers Wasser zu fernen Küsten, auch innerhalb beschränkter Zeitbudgets. Manche sogar mit Camping-an-Bord-Service.

Klar, über viele Wochen, vielleicht sogar Monate unterwegs zu sein, bleibt Reisenden mit viel Zeit vorbehalten. Nicht wenige beabsichtigen sowieso, das Arbeitsleben irgendwann einmal für eine Auszeit zu unterbrechen oder haben die Jahre der beruflichen Bindung an Werkstatt, Büro, Haus und Herd schon hinter sich. Aber auch wer einen zwei- bis dreiwöchigen Urlaub in südlichen Gefilden plant, findet hier Vorschläge für wunderbare Routen. Tipps zu besonderen Spots inklusive.

Oben: Freier Stand auf sizilianischer Wiese
Unten: Toller Strand auf dem Peloponnes

DIE VIELFALT IST GROSS

Rund 3500 Kilometer erstreckt sich das Mittelmeer von West nach Ost, die Gesamtlänge seiner verwinkelten Küsten beträgt 48 000 Kilometer. Das ist mehr als eine Weltumrundung! Auch Nordafrikas Küsten gehören zum Mittelmeer, doch in diesem Buch lassen wir sie außen vor: Für Campervan-Traveller sind sie in großen Teilen schwierig zu bereisen. Dennoch wollen wir die Fantasie anregen und dazu animieren, sich auch einmal eine neue Region, ein neues Land vorzunehmen und auszuwählen. Daher bietet das Buch eine Zusammenschau der sehr unterschiedlichen Küstencharaktere, die zwischen Gibraltar im Westen und den Dardanellen im Osten dominieren.

Da ist zum Beispiel die strahlend helle und sandverblasene Costa de la Luz bei Tarifa am westlichen Tor zum Mittelmeer, wo ihr vom Boot aus beobachten könnt, wie Delfine und Orcas durch die Wellen pflügen. Oder das wundersame Ufer der Dardanellen bei Çanakkale, wo große Schiffe an Geschichte und Geschichten von Troja bis Byzanz vorbeiziehen. Die einsamen Kaps der griechischen Halbinsel Peloponnes locken alle, die frei am Wasser stehen und in wilder Küstenlandschaft wandern und baden wollen. Trubeliger geht es auf den bizarren Märkten in Palermo zu, wo schauspielernde Händler dem fachkundigen Publikum riesige Thun- und Schwertfische anbieten. Auch die eher unbekannten Orte zu entdecken, macht Spaß – zum Beispiel Ostuni, die weiß glänzende Stadt Apuliens, wo ihr mit einem Bauern durch uralte Olivenkulturen wandern und einen 3000 Jahre alten Ölbaum kennenlernen könnt.

All die Reiseberichte dieses Buchs leben nicht nur von der oft traumhaft schönen Landschaft, sondern auch von den Gesprächen und Begegnungen mit den Einwohnern. Sie erzählen von deren Leben und ihren Erfahrungen als Fischer, Bauern, Köche oder Guides. Denn, dass wir als Traveller nicht allein vor Ort und die Dörfer und Städte keine sterilen Museen sind, macht das Reisen erst so richtig spannend.

UNSERE TRAUMROUTEN UND TIPPS

Alle vorgestellten 15 Routen sind mit Karten versehen, damit ihr euch gut zurechtfindet, und die Strecken so gewählt, dass ihr sie in zwei bis drei Wochen bewältigen könnt. Wer mehr Zeit hat, fährt einfach zur nächsten Küste weiter. Natürlich erhaltet ihr darüber hinaus zahlreiche nützliche Tipps: Wo kann man baden und picknicken an abgelegenen Sandstränden, wo schwimmen in türkisblauen Felsenbuchten, deren Schönheit man auf der Landkarte nicht so leicht erkennt? Eine Auswahl von Wanderungen zu interessanten Gipfeln, mit weitem Blick übers Wasser, gibt es außerdem – und Vorschläge für eher ausgefallene Abenteuer: mit dem geliehenen Kajak um Kaps und Felsensporne gleiten; mit dem Mountainbike spannende Trails über dem Meer befahren; oder klettern in der Steilwand mit einem ortsansässigen Guide.

Peloponnes: am Strand von Gerolimenas

Was passt besser zum Abschluss solch sportlicher Aktivitäten als ein Glas Spritz an der Strandbar zum Sonnenuntergang? Oder ein frisches Fischgericht am Abend in einem kleinen Hafenrestaurant? Da ist es gut zu wissen, wo ihr am besten sitzt und wo es am besten schmeckt! Und natürlich geben wir euch Hinweise auf lohnende freie Stand- und besonders gemütliche Campingplätze.

Alle Anregungen sind das Resultat ausgiebiger Erkundungsfahrten von mir – dem Autor – und meiner Begleitung. Über viele Jahre sind wir schon an den Küsten des Mittelmeers unterwegs. Immer wieder aufgebrochen zu neuen Fahrten, nacheinander mit drei Campingbussen, zuletzt in einem selbst ausgebauten, geländegängigen VW T6.

Mare e Monti in Oberitalien

Glücksmomente

Ein Badetag am kleinen Strand von San Lorenzo al Mare bringt ein Stück 1960er-Jahre-Feeling zurück.

TOURENLÄNGE
Rund 150 Kilometer

START UND ZIEL
Von Genua nach San Remo

Carignano
Alessandria
Asti
Tortona
Carmagnola
Canale
Canove
Nizza Monferrato
Cassine
Bormida
Novi Ligure
Serravalle Scrivia
Bra
Alba
Acqui Terme
Gavi
Savigliano
Genola
Narzole
Belbo
Molare
Busalla
Fossano
Cortemilia
Dogliani
Campo Ligure
Centallo
Campeggio Villa Doria
Murazzano
Piana Crixia
Doria
GENUA
Cuneo
Mondovi
Ceva
Arenzano
Carcare
Borgo S. Dalmazzo
Varazze
Camping San Martino
Savona
Golf von Genua
Spotorno
Noli
Garessio
Varigotti
Finale Ligure
Ormea
Loano
FRANK-REICH
Casamagni
Standplatz Agriturismo Santuario
Albenga
Triora
Alassio
Standplatz Santa Brigida
Villa-talla
Laigueglia
Monte-grazie
Dolcedo
Oneglia
Monte Faudo 1149
Civezza
Imperia
Airole
M. Bignone 1299
Porto Maurizio
Taggia
San Lorenzo al Mare
San Remo
Bordighera
Camping il Persiano
Ligurisches Meer
N
0
15 km

SFIZIO
MISTO

HAFENSTÄDTE, OLIVENDÖRFER UND KÜSTENBERGE

Ligurien vom Feinsten

Am schönsten erlebt die Verbindung von Meer und Berg, wer sich mit dem Campervan gemächlich durch die Oliventerrassen und kleinen Dörfer zwischen Genua und San Remo in die Höhe schraubt. Gebirge und Küste gehen in Ligurien eine geniale Verbindung ein: Wir baden an kleinen Stränden, testen die Restaurants in den Olivendörfern und wandern über Pässe und Gipfel, das Meer stets im Blick.

MARITIMER KNOTENPUNKT GENUA

Nicht nur aus geografischen Gründen repräsentiert Genua die Verbindung Italiens mit den Meeren der Welt: Jedes Jahr am 12. Oktober wird Christoph Kolumbus als Symbolfigur der »maritimen Berufung der Stadt« gefeiert. Sein Geburtshaus gilt als touristische Attraktion. Um noch mehr Besucher anzulocken, wurde die alte Infrastruktur der Stadt gründlich umgestaltet: Das Hafenbecken, der verschönerte Porto Antico, restaurierte historische Kaianlagen, Terminals, Docks und Handelskontore erstrahlen heute als Wahrzeichen der italienischen Seefahrt. Das alles wollen wir uns einmal genauer anschauen und so beginnen wir unsere Reise durch Ligurien mit einem Stadtbesuch. Den Campervan stellen wir im nahen Campeggio Villa Doria ab und fahren von dort bequem mit der Bahn nach Genua.

Campeggio Villa Doria
Via Al Campeggio Villa Doria 15, 16156 Genova, Tel. +39 010 6969600
GPS: 44.431470, 8.813368

Unseren Stadtrundgang starten wir am Kai des Porto Antico, wo der vom Stararchitekten Renzo Piano gestaltete Bigo-Kran seine Arme in den Himmel streckt, und wandern hinüber zum riesigen grauen Bau des Meeresmuseums Galata. Es wurde 2004

Oben: Genuas neu gestylter Hafen
Unten: Ein Abend in der Caruggi

mitten im alten Werftgelände errichtet. Drinnen wartet eine chronologisch aufgebaute »Reise durch die außergewöhnliche Geschichte der Beziehung zwischen Mensch und Meer« und es ist sehr eindrucksvoll, sich über und unter den Decks gewaltiger alter Segel- und Dampfschiffe zu bewegen sowie Kombüsen, Kojen und Kapitänsbrücken von innen zu sehen. Damit alle Sinne dabei sind, stellt eine gelungene 4-D-Animation einen Sturm im Rettungsboot nach. Gut in Szene gesetzt sind auch die Umstände, unter denen italienische Auswanderer einst zu Hunderttausenden auf Transatlantikdampfern einklarierten und zur langen Passage nach Amerika aufbrachen.

Galata – Museo del Mare
Calata Ansaldo De Mari 1,
galatamuseodelmare.it
GPS: 44.414474, 8.923981

DURCH DIE GASSEN DER CARUGGI

In Genuas herrlicher Altstadt, der Caruggi, wähnen wir uns in einer anderen Welt: Hier dominieren himmelhohe, uralte, bröckelnde Hausfassaden und das Mittelalter scheint fortzuleben. Die Stimmung ist einzigartig, alles wirkt eng und dämmrig, mittendrin posiert der riesige Bahnhof. Stadthäuser und Kirchen stehen dicht zusammengedrängt, Mauer an Mauer, verbunden durch Stiegen und steile Gassen. Das architektonische Ensemble mit vielen kleinen Märkten, Bars und Trattorien gleicht einem riesigen Wohnzimmer, eingebettet zwischen Hafen und steilen Berghängen.

Ein Tipp für eine Pause: Trattoria Ugo,
Via dei Giustiniani 86r,
Tel. +39 010 2469302
GPS: 44.406448, 8.931379

Lichteinfall, Geräusche und Gerüche in den dunklen Gassen der Caruggi erinnern an die Basare arabischer Innenstädte. Schlendert man entlang der Via di Prè und der Via del Campo, findet man noch viele alte Handwerksläden, Metzger, Bäcker, Barbiere und kleine Restaurants, wo Couscousgerichte ganz oben auf der Karte stehen. Von Gentrifizierung, die in anderen italienischen Innenstädten voranschreitet, ist hier noch nichts zu spüren, entsprechend vorteilhaft gestaltet sich das Preisniveau der Bars und Kneipen: Der Kaffee an der Piazza delle Erbe kostet wenig. Die kleinen, engen Trattorien sind einfach und gemütlich. Am Nachmittag treffen sich Gruppen von Jugendlichen in den Gassen, besetzen Treppen und Mauern, Hip-Hop klingt aus den Bordsteinboxen und das Nachtleben beginnt.

| **Unterwegs auf uraltem Pflaster**

Hempatia

**Hier treffen sich die Genuesen:
Bar Berto, Piazza delle Erbe 6,
Tel. +39 010 2758157
GPS: 44.406244, 8.932474**

AUSSICHTSPLATZ CASTELLETTO

Am Ende des Rundgangs wollen wir uns Überblick verschaffen und wandern auf den Hügel Castelletto. Oben angekommen, sind wir beeindruckt vom gigantischen Ausblick. Erst von hier erschließt sich die ungeheure Dimension des Hafens und der Werftanlagen. Bis zum Horizont verteilen sich die alten Docks und Kontore, die Fähren und Kräne. Bald erstrahlen tausend Lichter und lassen Konturen und Reflexe auf dem Wasser zu einem gigantischen Turner-Gemälde verschwimmen.

**Es fährt auch ein Aufzug zum
Castelletto: Ascensore Castelletto,
Piazza del Portello 18
GPS: 44.411586, 8.934191**

UNTERWEGS AUF DER VIA AURELIA

Nach unserem Stadtbesuch in Genua brechen wir Richtung Westen auf. Dabei machen wir Bekanntschaft mit der berühmten Via Aurelia, der direkten Verbindung Genuas mit der französischen Grenze. Heute nennt sie sich schlicht SS1 und schmiegt sich eng an unzählige Buchten, durchbohrt Felsenkaps und verbindet sich in den Städten mit den Flaniermeilen vor den Badestränden. Seit den 1970er-Jahren kommt die Autobahn E80 mit ihren himmelhohen Brücken dazu, erlöst die SS1 vom Verkehrskollaps und dominiert fortan das Design der gesamten ligurischen Küste.

Gut zu wissen

GENUAS GENIALER STADTSCHREIBER

Bruno Morchio (geb. 1954) ist ein bekannter Autor, der selbst in der Caruggi wohnt und von dort nicht mehr wegwill. Er lässt seinen Commissario Bacci Pagano in den Winkeln der neuen Geschichte Genuas wandeln und vermittelt dem Leser ein spannendes Bild der lukrativen Verbindung von Geschäft und Verbrechen in dieser Hafenstadt. Etliche seiner Bücher sind auch auf Deutsch erschienen, etwa *Wölfe in Genua* und *Kalter Wind in Genua* (beide Unionsverlag). Die obigen Restaurant-Tipps stammen übrigens von Morchio höchstpersönlich, denn er muss schließlich wissen, wo es in Genua am besten schmeckt.

SPORTLERZENTRUM FINALE LIGURE

In Finale Ligure machen wir halt und besuchen zunächst den schönen Stadtstrand Spiaggia Varigotti kurz vor dem Stadtzentrum an der Via Aurelia. Mit ihren bunten Fassaden erinnert die wasserseitige Häuserreihe dort ans Ambiente der 1960er-Jahre. Hier kann jeder sein Handtuch in den Sand legen, was in Italien keine Selbstverständlichkeit ist. Nach einem Kaffee in der Bar Bagni Nuova fahren wir weiter zum Zentrum und biegen nach Norden auf die SP17. Bald öffnet sich rechts das uralte Stadttor zum Finalborgo, dem historischen Stadtteil. Er ist heute ultimativer Treffpunkt für Mountainbiker und Kletterer, wo es alle Infos zu den Routen gibt und auch verschiedene Shops, um die Ausrüstung zu ergänzen.

Wer Kondition hat, schafft die MTB-Tour auf die ehemalige NATO-Basis *Scatter* im »Bio-Stil«: Immerhin sind 18 Kilometer und 1200 Höhenmeter von Finalborgo aus zu bewältigen. Bequemere Naturen lassen sich im Shuttlebus hinaufbefördern. Oben treffen sich beide Fraktionen, um den künstlich angelegten Trail hinabzudüsen.

Mit dem Mountainbike auf die alte NATO-Basis *Scatter*: https://www.komoot.com/smarttour/892999

Camping San Martino
Località Manie, 17029 Varigotti,
Tel. +39 019 698250,
campingsanmartino.it
GPS: 44.189732, 8.377415

HAFENSTADT IMPERIA

Imperia, die Stadt mit ihren zwei sehr unterschiedlichen Häfen, hat es uns angetan: Oneglia ist eine sehenswerte alte Handelsmetropole und heute noch Standort der Nudelfabrik Agnesi. Die historischen Kaianlagen mit ihren Restaurants unter der Arkadenfassade am Wasser bilden einen reizvollen Treffpunkt für alle, die gern stilvoll essen. Etwas weiter westlich kommen die auf einem Hügel über dem Meer erbauten Palazzi von Porto Maurizio in den Blick: Im Abendlicht präsentieren sie sich wie ein strahlendes mediterranes Gemälde. Unten am Wasser gibt es kleine Sandstrände, wo sich Einwohner, die Zeit haben, am Morgen ein Stelldichein geben. Sehr gemütlich wirkt hier alles, zumal kleine Bars und Restaurants zum Verweilen einladen.

Gut zu wissen

DIE JUNGEN OLIVENBAUERN

Im Örtchen Dolcedo, etwa zwölf Kilometer von Imperia entfernt im Landesinneren, dreht sich fast alles um den Olivenanbau. Die Bauern haben viel getan, um die Terrassen in gutem Zustand zu halten, und setzen auf die beliebte Sorte Taggiasca. Das Öl dieser Früchte lässt sich heute gut verkaufen, und so leben viele der in den 1970er-Jahren verlassenen Dörfer in der Region neu auf, weil sich zumindest für einige Betriebe wieder ausreichende Einkommen erzielen lassen. Junge Leute renovieren die Häuser ihrer Großeltern, pflegen Weinberge und Gemüsegärten und leben Seite an Seite mit Ausländern, die sich Wohnungen in den kleinen Weilern kauften, als das noch erschwinglich war. Mehr zu den Oliven und ihrem wertvollen Öl unter loveliguria.eu/das-leben/essen/olivenöl.

OLIVENDORF MONTEGRAZIE

Eins der typischen Olivendörfer der Region heißt Montegrazie, und hier befindet sich der tolle Agriturismo Santuario von Roberto. Das Essen ist ländlich und das Gemüse kommt selbstverständlich aus dem eigenen Garten. Für uns Campervan-Traveller ist der

idyllische Ort ein schönes Ziel: Wir fahren bis zur Santuario-Kirche etwas oberhalb von Montegrazie und stellen dort den Camper ab. Abends essen wir vorzüglich bei Roberto und verbringen dann die Nacht an diesem eindrucksvollen Platz. Am nächsten Morgen brechen wir zu einer aussichtsreichen Wanderung durch die Oliventerrassen zum Monte Pian Cavallè auf; die kurze Tour dauert etwa eine Stunde.

Agriturismo o/Restaurant al Santuario
Via Al Santuario 43, 18100 Imperia,
Tel. +39 018 369192
GPS: 43.912289, 7.988766
Geöffnet in der Saison von
Donnerstag bis Sonntag.

SCHMUCKSTÜCK VILLATALLA

Ein Highlight besonderer Art ist der Besuch in Villatalla, einem der schönsten Olivendörfer weit und breit, 14 Kilometer nördlich von Imperia. Der Ort liegt genial: hoch oben über alten Oliventerrassen, noch nicht in den Bergen, aber knapp darunter. Hier gibt es noch einen Laden und eine Bar mit toller Aussicht über das von silbern glänzenden Ölbäumen geschmückte Terrassenland. Am fernen Horizont sieht man Porto Maurizio und das Meer.

Oben links: In Villatalla wird's eng.
Oben rechts: Gedeckter Tisch in der Casamagni
Unten: Ideales Olivendorf Villatalla

In Villatalla wartet auch das neue Restaurant Casamagni auf Gäste. Das Haus wird von Katja und ihrem Mann Mauro geführt, einem ausgebildeten Koch mit internationaler Erfahrung. Sie ernten selbst angepflanztes Gemüse, verwenden eigenes Öl und Eier von Hühnern, die gleich hinter dem Haus nach Würmern suchen. In einem kunstvoll gestalteten Raum essen wir hervorragend und werden bestens bedient. Im Anschluss setzen wir uns auf einen Grappa vor die reizende Dorfbar und genießen die laue Nacht mit Blick aufs glitzernde Meer. Dann kehren wir zu unserem mobilen Heim zurück, das wir in der Kurve vor dem Dorf abgestellt haben – ein akzeptabler Standplatz für die Nacht.

Bitte telefonisch bei Katja reservieren:
Casamagni, Via Fontana Vecchia 7,
18020 Villatalla, Tel. +39 334 3338814,
agriturismocasamagni.com
Standplatz für die Nacht:
43.934673, 7.898468

KAPELLE VON SANTA BRIGIDA

Am nächsten Tag lassen wir den Bus wieder hinunter nach Dolcedo rollen und fahren über Trincheri hoch hinauf nach Westen bis zur Kapelle Santa Brigida. Von diesem kleinen Pass starten wir mit unserem Campervan zu einer Allradtour auf den Monte Faudo. Bis auf 1150 Meter geht es über holprige Piste und durch zwei bis drei enge Spitzkehren. Unterhalb des Gipfels parken wir den Bus am Rande einer Pferdewiese und unternehmen eine kleine

Abendwanderung. Wie schön sich im Norden die hohen Berge des Grenzkammgebirges im Himmel abzeichnen! Nicht weniger beeindruckend ist der Blick nach Süden, über Porto Maurizio und das schimmernde Mittelmeer: Mare e Monti in aller Pracht!

Die Strecke von Santa Brigida zum Monte Faudo eignet sich auch gut als Mountainbike-Tour. Allerdings ist sie nichts für sanfte Bio-MTB-Gemüter, mit dem E-Bike aber sicher eine schöne Sache!

Standplatz Santa Brigida an der SP79 zwischen Dolcedo und Civezza: GPS: 43.899083, 7.928333

RADELN AM LIGURISCHEN MEER

An der Blumenriviera gute, freie Nightspots zu finden, ist nicht ganz leicht. Also gilt es dort, am Abend die Campingplätze anzusteuern. Zwischen den vielen Treibhäusern finden sich immer noch herrliche Flecken, um den Reiz Liguriens zu genießen. Das lernen wir auf einer Fahrt auf dem Radweg von San Lorenzo al Mare nach San Remo. Er verläuft auf der alten, stillgelegten Bahntrasse. Wir packen die Badesachen aufs Rad und gleiten geruhsam und ohne von Autos gestört zu werden über den glatten Asphalt. Problemlos finden wir stille Plätze zum Baden und In-der-Sonne-Liegen, wo uns gerade danach ist. Später, in San Remo, nehmen wir an der herrlichen Strandpromenade einen Imbiss und rollen in der Abenddämmerung zufrieden am Meer entlang zurück.

Fahrradverleih Elio Sport: Via Vignasse 34, 18017 San Lorenzo al Mare, Tel. +39 334 2663296, eliosport.it

Essen am Strand von San Lorenzo al Mare: Trattoria Il Veliero, Passeggiata A Mare, Tel. +39 0183 931020 GPS: 43.851085, 7.961174

Übernachten im Olivenhain hoch über San Lorenzo di Mare: Camping Il Persiano, Via Provinciale Civezza 135, 18017 San Lorenzo al Mare, Tel. +39 0183 91994, campingilpersiano.com GPS: 43.866269, 7.963386

Oben: Küstendorf Civezza
Unten: Begegnung unter dem Monte Faudo

Côte d'Azur: Großes Küstentheater

Glücksmomente

Wir umrunden mit Rucksack und guter Verpflegung das herrliche Cap de Saint-Tropez.

TOURENLÄNGE
Rund 380 Kilometer

START UND ZIEL
Von Menton nach Sète

Lyon
Montbrison
Bourgoin
Chambéry
St-Étienne
Grenoble
TURIN
le Puy-èn-Velay
Romans-s.-Isère
ITALIEN
les Ecrins
4102
Valence
Lac de Serre Ponçon
Gap
Aubenas
Montélimar
Durance
Bagnols-s.-Cèze
Mt. Ventoux
1909
Digne-les-Bains
Camping le Parc Saint Michel
Alès
Orange
Avignon
Standplatz im Forêt du Loup
Musée Océanographique des Monaco
Nîmes
Menton
MONACO
Gourdon
Nizza
Arles
Salon-de-Provence
Camping Sainte-Victoire
Grasse
Durance
Aix-en-Provence
Antibes
Draguignan
Cannes
Montpellier
Massif de l'Esterel
Agay
Fréjus
Grande Rhône
Stes-Maries-de-la-Mer
Martigues
Ste-Maxime
Sète
Port-St-Louis-du-Rhône
Camping Agay Soleil
Aubagne
St-Tropez
Parkplatz Môle Saint-Louis
MARSEILLE
Toulon
Hyères
Camping à la Ferme Biancolini
Îles d'Hyères
Golf von Lyon
MITTELMEER
N
0
50 km

KÜSTENWEGE, BADEBUCHTEN UND HAFENZAUBER

Südfrankreichs Wasserkante

Zwischen den berühmten Städten der Côte d'Azur mit ihren tollen Kunstausstellungen und Galerien finden wir bildschöne Wanderwege. Begleitet von herrlicher Kulisse touren wir stundenlang am Meer entlang, umrunden wilde Kaps und entdecken ausgezeichnete Badestellen. Wir bewundern die eigentümliche Vegetation dieser Küste und bestaunen so manche Prachtvilla aus der Nähe.

ERSTES HIGHLIGHT: MENTON

Diese uralte Grenzstadt mit Zitronengeruch hat es uns angetan, denn statistisch gesehen soll sie der wärmste Platz Frankreichs sein. Wohl deshalb wurden hier Ende des 19. Jahrhunderts Hunderte von Zitrusterrassen angelegt. Der Hit: Ihr könnt direkt im obersten Stockwerk der Altstadt euren Bus auf einem von hohen Bäumen beschatteten Campingplatz abstellen und zu Fuß über ein paar Treppen auf Erkundungstour gehen. Aber Achtung: Spart euch etwas Kondition auf, damit ihr auf dem nächtlichen Rückweg nicht aus der Puste kommt.

Menton: Grenzstadt mit herrlichem Strand

Camping Le Parc Saint Michel
Route des Ciappes de Castellar,
Tel. +33 9 82212795,
campingscotedazur.com
GPS: 43.779171, 7.498021

Menton punktet mit einem tollen Stadtstrand, einer wunderbaren Markthalle, einem surrealen Jean-Cocteau-Museum – und einem hoch über dem Meer gelegenen Friedhof. Doch keine Angst, auf dem Cimetière du Trabuquet kommt man eher auf lebensfrohe Gedanken: Hier liegen nicht nur Einheimische begraben, sondern auch Wegbereiter des Luxustourismus des Fin de Siècle, vor allem Vertreter*innen der britischen Aristokratie, die in Menton die Leichtigkeit des Seins suchten. Von hier ist der Blick auf Stadt und Meer grandios.

Früh am Morgen steigen wir vom Campingplatz hinab. Es ist noch nicht viel los in der Stadt und uns lockt der kleine Badestrand. Einige ältere Bewohner schätzen diese Stunde und sie machen vor, was guttut: Ganz in Ruhe ziehen sie im Wasser ihre Bahn. Auch wir springen ins kühle Nass und traben danach hinüber zum wunderschönen Marché des Halles, wo die Fischer ihre Ware stilvoll anbieten. Dort ist auch der richtige Ort, um vor einem der kleinen Restaurants oder einer Bar in der Morgensonne zu frühstücken.

Marché des Halles: La Pescaria de Menton, Rue Pelisson
GPS: 43.775430, 7.506448

Gemütliches Restaurant nahe der Markthalle: La Mandragore, Place aux Herbes, Tel. +33 4 93354319
Die Karte ist klein, aber das Essen im typisch französischen Stil prima.

STILLE PFADE ÜBER DEM WASSER

Wir nehmen uns die Zeit und brechen auf zum 15 Kilometer langen Küstenweg von Menton über das Cap Martin nach Monte Carlo in Monaco. Was für ein tolles Erlebnis! Startpunkt ist der Uferweg neben Mentons Avenue du Général de Gaulle, stadtauswärts Richtung Südwesten. Es geht auf dem alten Grenzerweg immer an der Küste entlang und um das wunderbare Cap Martin.

Angekommen in Monaco, umrunden wir den Hafen und bestaunen die teuren Jachten ebenso wie die supereng und steil in den Hang gebaute Stadtanlage mit ihren alten Palästen und neuen Hochhäusern. Am besten gefällt uns das letzte Stück des Fußwegs Digue de l'Avant Port, der um die Felsen über dem Wasser zum Musée Océanographique de Monaco führt. In diesem wirklich beeindruckenden Meeresmuseum verbringen wir einige Zeit, bevor es zum Bahnhof und mit dem Zug zurück nach Menton geht.

Unsere Küstentour findet ihr hier: komoot.de/tour/12489349
Bequem zurück mit der Bahn: rome2rio.com/de/map/Monaco/Menton

Musée Océanographique
Avenue Saint-Martin, 98000 Monaco, musee.oceano.org/de
GPS: 43.73085, 7.42589

Oben: Picknick am Esterel-Gebirge
Unten: Unterwegs auf dem Sentier Littoral

Gut zu wissen

SENTIERS DU LITTORAL

An den Küsten des Mittelmeeres ist das nicht immer selbstverständlich, doch an französischen Ufern hat das Wandervolk freie Bahn: Die Sentiers du Littoral (Küstenpfade) oder auch Sentiers des Douaniers (Zöllnerwege) stehen allen offen, die zu Fuß am Wasser von Kap zu Kap und Stadt zu Stadt wandeln wollen. Ursprünglich angelegt, um das Schmugglerwesen unter Kontrolle zu halten, sind sie heute gegen den Zugriff von Investoren geschützt: Das Gesetz Nr. 1285 von 1976 legt einen Streifen von drei Metern entlang jeder Küstenlinie als »öffentliches Seegebiet« fest. Mountainbiking oder Radwandern ist nicht erlaubt, wird aber an touristischen Hotspots geduldet.

LEGENDÄRE KÜSTENSTRASSEN

Unser nächstes Ziel ist die berühmte Corniche zwischen Roquebrune-Cap-Martin und Nizza, wo sich James Bond rasante Verfolgungsjagden lieferte – 500 Meter über dem Meer, entlang schmaler Trassen, über blauen Abgründen und am Horizont die schneebedeckten Gipfel der Alpen. Das waghalsige Rennen muss man mit dem Campervan jedoch nicht nachmachen, um hier Spaß zu haben.

Wir lassen es etwas entspannter angehen und wählen für unsere Weiterfahrt nach Westen die am höchsten gelegene Variante. Deren gibt es drei: Die unterste, »Basse Corniche«, führt durch einige Tunnel ganz nah am Meer entlang. Sie verbindet Monaco, Cap-d´Ail, Villefranche-sur-Mer und Nizza. Die mittlere, »Moyenne Corniche«, schneidet höher oben durch die Steilküste, vorbei an Èze, dem mondänen Felsennest. Dann folgt hoch oben die »Grande Corniche«. Sie bietet atemberaubende Blicke auf Monaco und einen interessanten Halt bei La Turbie, wo das Denkmal Tropaeum Alpium an den Römerkaiser Augustus erinnert, der einst den Bau der Küsten-Heeresstraße nach Westen befahl.

Die drei Kilometer lange Wanderung um das Cap Ferrat lohnt. Ausgangspunkt ist Saint-Jean-Cap-Ferrat. Infos findet ihr hier: komoot.de/tour/538088682

PRÄCHTIGES NIZZA

Wir rollen von La Turbie über die kleine Straße D2564 hinab nach Nizza, parken in einer Tiefgarage und essen Austern im Café de Turin (cafedeturin.fr). Die Auswahl ist großartig und die Lage an der Place Garibaldi mit den herrschaftlichen Gebäuden setzt die Geschichte dieser Stadt beeindruckend ins Bild. Danach schlendern wir über den herrlichen Markt am Cours Saleya und brechen schließlich auf, um einen einsamen Standplatz in den Bergen hoch über der Küste anzusteuern.

In Cagnes-sur-Mer biegen wir bergwärts auf die D6 und fahren auf schmaler Straße bis tief in den grandiosen Canyon Gorges du Loup. Allein die Blicke in die Schlucht sind den Abstecher von der Küstenstraße wert. Von hier geht es weiter auf der Bergstraße D3 bis zum sehenswerten Künstlerdorf Gourdon, Wir schlendern durch seine Gassen, schauen in Parfümerien und kleine Kunstausstellungen. Zum Sonnenuntergang setzen wir uns auf die Terrasse der Taverne Provençale für ein Glas Wein und einen Imbiss. Im Abendlicht ist der Blick über die Küste und aufs Meer wahrlich berauschend.

Taverne Provençale
5 Rue de l'École, 06620 Gourdon,
Tel. +33 4 93096822
GPS: 43.719779, 6.978714

Es dämmert bereits, als wir auf der CD Nord 12 hoch auf den Berg ins Wandergebiet Forêt du Loup rollen. Oben erreichen wir den Chemin des Claps und biegen nach links auf eine schmale, holprige Piste. Sie führt zum Standplatz auf einer Wiese mit tollem Meerblick.

Standplatz im Forêt du Loup:
GPS: 43.735278, 6.946389
Bitte macht hier weder Camping noch Party und verlasst diesen schönen Nightspot sauber!

DAS MASSIF DE L'ESTEREL

Bei Vogelgezwitscher genießen wir unser Frühstück, dann fahren wir weiter Richtung Westen. Unser Ziel ist das Massif de l'Esterel und dieses Highlight ist nicht zu toppen: Auf einer Strecke von 30 Kilometern türmt sich roter Porphyr über dem blauen Wasser bis hoch hinauf zu einem weitläufigen, von Felsnadeln durchsetzten Naturpark. Unten am Meer, zwischen Saint-Raphaël und Mandelieu-la-Napoule, schneidet die Corniche d'Or durchs Gebirge. Zur richtigen Zeit – frühmorgens zum Beispiel – mit dem Campervan hier entlangzurollen, ist den Eintrag ganz oben im Tourenbuch wert. Entlang der D559 gibt es immer wieder Haltebuchten und beschilderte Aussichtspunkte, sodass wir die Fernblicke in Ruhe auskosten können.

Um die Natur zu erkunden, ist der kleine Camping Agay Soleil der perfekte Ausgangspunkt. Er hat nur wenige Plätze und einen sehr netten Strand. Wir richten uns wohnlich ein und gehen ausgiebig am hübschen Beach baden. Wer will, bricht von hier aus zum Wandern, Klettern oder Mountainbiken auf den Wegen des roten Gebirgszuges auf.

Camping Agay Soleil
1152 Boulevard de la Plage, 83530 Agay, Tel. +33 4 94820079, camping-agay-soleil.com
GPS: 43.432728, 6.868132
Meldet euch unbedingt vorher an, es ist stets wenig Platz.

Wir wollen das Massif de l'Esterel zunächst mit dem Camper erkunden. Also fahren wir auf der Küstenstraße zur Hauptkreuzung von Agay, biegen auf die D100 nach Norden und nach wenigen Kilometern rechts in die

Route Forestière de la Sainte-Baume. Die Piste schlängelt sich durch tolle Natur hinauf in die Berge und es gibt viele aussichtsreiche Picknickplätze mit Blick aufs Wasser. Allerdings, auch wenn es verlockend ist: Die Nacht hier zu verbringen, ist leider verboten. Ab 19 Uhr müssen alle Autos verschwunden sein – und das wird streng kontrolliert.

Weil es uns dann doch in den Beinen juckt, starten wir am nächsten Morgen zu einer Mountainbike-Tour auf der tags zuvor mit dem Bus gefahrenen Piste – bis hinauf zum Pic de l'Ours radeln wir und finden: Bei 450 Höhenmetern ist das ein durchaus sportliches und tolles Abenteuer.

Einen Plan zur MTB-Tour findet ihr bei komoot: komoot.de/collection/1849679/-agay-cote-d-azur-esterel-2022

MONDÄNES SAINT-TROPEZ

Der legendäre, schmucke Hafenort kommt sehr Instagram-tauglich daher: Hier lauert das Publikum auf Prominenz und posiert für das Selfie-Foto vor exklusiven Jachten im Abendlicht. Es gibt aber auch das eher geruhsame, melancholische Tropez. Um es zu finden, laufen wir an der Môle Jean Réveille mit den Megajachten vorbei, biegen in die schmale Rue du Puits und schlendern durch enge Gassen zur Plage de la Ponche. Hier steht das Restaurant La Ponche, auf dessen Terrasse sich Brigitte Bardot einst mit ihresgleichen traf. Heute ist es ein eher stiller Ort – und hier beginnt der »Chemin littoral de Saint-Tropez«.

Etwa sieben Kilometer umfasst der bemerkenswerte Weg rund um das Cap de Saint-Tropez. Ihr findet hier schönste, zuweilen fast einsame Badestellen, umgeben von mediterraner Vegetation. Auf der einen Seite liegt das freie Meer, auf der

anderen überragen uralte Bäume prächtige Villen. Den Camperbus stellt man am besten auf dem großen bewachten Parkplatz am Nouveau Port ab oder westlich des Zentrums am Chemin des Salins.

Der Küstenweg verläuft stolze 127 Kilometer weiter Richtung Westen bis nach Hyères: komoot.de/collection/1378417/laufen-am-meer-auf-dem-kuesten-pfad-in-suedfrankreich

Nahe Saint-Tropez gibt es einen schönen Campingplatz an der Plage de l'Escalet: Camping à la Ferme Biancolini, 977 Chemin des Tournels, 83350 Ramatuelle, Tel. +33 6 19650397, biancolini.com
GPS: 43.200769, 6.644347

LANDSCHAFT BEI AIX-EN-PROVENCE

Zwar liegt Aix, einst bei Impressionisten die beliebteste Stadt der Provence, etwas abseits der Küste, doch wir können diesen inspirierenden Ort nicht auslassen. Unseren Bus stellen wir auf dem Camping Sainte-Victoire ab, um von hier zu einer interessanten Wanderung auf den Gipfel des markanten gleichnamigen Höhenzuges aufzubrechen – und aus 1000 Meter Höhe aufs Mittelmeer zu schauen. Noch mehr Eindruck hinterlässt dieser Ausflug, wenn ihr – bei schönem Wetter – spätnachmittags aufsteigt und oben übernachtet: mit Schlafsack im Freien, im kleinen Zelt oder, wenn nicht zu viel los ist, in der kleinen Hütte. Dann wird sich zeigen, ob ihr beim Blick über das tiefrote und grün getüpfelte provenzalische Hügelland etwas von der Magie entdeckt, die angeblich den Maler Cézanne veranlasst hat, diesen Berg wohl hundertmal auf Leinwand zu bannen.

Friedliches Meer an der Côte d'Azur

Campingplatz mitten in der Natur: Camping Sainte-Victoire, Quartier Le Paradou, 613 Avenue Jullien Gautier, 13100 Beaurecueil, Tel. +33 4 42669643, campingsaintevictoire.com GPS: 43.517042, 5.541484

STOLZE HAFENSTADT SÈTE

Weiter geht es nach Westen zum Endpunkt unserer Tour: Sète, eine noch immer von Handwerk und großer Fischerei geprägte Stadt, liegt wie eine Insel zwischen dem offenen Mittelmeer und dem riesigen Étang de Thau. Der stolze Canal Royal teilt das Zentrum und beherbergt eine stattliche Flotte von mächtigen Trawlern und eine Menge kleiner Fischerboote.

Wie um zu beweisen, wie sehr sie dem Meer und den Fischern verbunden sind, positionieren viele Restaurants ihre Tische direkt am Kai unter den aufragenden Rümpfen der festgemachten Schiffe. Wer hier Platz nimmt, erlebt am Abend, wie sich der Geruch der feinen Gerichte mit dem Hauch von Tang, Fisch und ein bisschen Motoröl verbindet. Oft weht der Wind mit dem Geschrei der Möwen auch die Chansons des seligen Georges Brassens herüber: Sentimental aufgelegte DJs in Bars und Kneipen lassen den in Frankreich weltberühmten Sänger gern zu Wort kommen.

Im Lied »Les copains d'abord« besingt Georges Brassens das Schicksal der Mannschaft eines kleinen Fischerbootes: youtube.com/watch?v=CW-JmBBxJlig

Ende August reserviert die Stadt den Canal Royal für das große Fischerstechen: Mit Stangen und Schildern bewehrte Bootsleute fahren dann in hölzernen »Joutes« aufeinander zu und versuchen, die Gegner*innen ins Wasser zu stoßen. Wir unternehmen eine Bootstour der etwas anderen Art, denn wir wollen die Austernbänke im Étang de Thau und das Leben auf dem Boden des Meeres genauer betrachten. Dafür schiffen wir uns zu einer Rundfahrt auf einem der vielen Glasbodenschiffe ein. Hier bekommen wir auch Auskunft zu allen die örtliche Fischerei betreffenden Fragen. Die Teams auf den Booten kennen sich aus und kommunizieren international.

Es lohnt sich, bei einem der vielen Anbieter ein Seekajak oder ein Kanu zu mieten, denn in der Lagune und nach Westen, um Sète herum, gibt es noch einige idyllische Seegebiete. Kajakvermietung: Tel. +33 4 86840404, https://de.tourisme-sete.com/mit-dem-kajak-zwischen-meer-und-lagune.html

KULINARISCHE HÖHEPUNKTE

Nach dem Wassersport kommt der Hunger, garantiert. Eine günstige und leckere Lösung des Problems ist schnell gefunden und wir holen uns eine Tarte à la pulpe auf die Hand. Die Einheimischen nennen diese Pastete Tielle, sie ist gefüllt mit Tintenfisch und Tomaten. Wir bestellen dazu ein Bier und Pommes frites und setzen uns zu den Sétois auf die Kaimauer – gern verbringen sie hier zusammen ihren Feierabend.

**Die beste Tielle gibt's im Lebensmittelgeschäft Sophie Cianni & Co: 19 Grand Rue Mario Roustan, 34200 Sète, Tel. +33 4 67436062
GPS: 43.401694, 3.696778**

Wer mehr Hunger und ein bisschen Geld übrig hat, läuft ein paar Schritte weiter zum Restaurant La Senne. Auch dieses ziemlich berühmte, auf Thunfischgerichte spezialisierte Lokal rückt Tisch und Stühle zum Kai herüber – nah heran an die stolzen Schiffe. Das hat Stil und stellt eine Verbindung zur Herkunft all der schmackhaften Fische her, die hier auf den Tisch kommen. Uns überzeugt, wie der Koch Christian Salvat die Gerichte zubereitet: Er versteht sein Handwerk und bringt seinen Gästen nahe, wie unterschiedlich die verschiedenen Partien des Thunfischs schmecken.

**Restaurant La Senne
La Senne, 40 Quai Maximin Licciardi, 34200 Sète, Tel. +33 4 67530191, instagram.com/lasenne_restaurant/?hl=de**

**Nightspot für Camper im Hafen: Parkplatz auf der äußeren Hafenmauer, der Môle Saint-Louis
GPS: 43.395639, 3.699194**

AUSTERN ESSEN IN MÈZE

Westlich von Sète schmiegt sich das Dorf Mèze ans Ufer des Étang de Thau. Handwerk und die Infrastruktur der Fischer halten den Tourismus noch in Schach. Fast alle der Bewohner leben von der Austernzucht. Da heißt es probieren, denn wo sonst bekommt man das Meeresgetier so frisch auf den Teller!

Das Restaurant L'eau Sel liegt direkt am See und punktet mit wunderschöner Terrasse: 13 Chemin de l'Étang, 34140 Mèze, Tel. +33 4 67746381

**Campingplatz in Mèze: Camping Koawa Beau Rivage an der D613, Tel. +33 4 66600700, camping-beaurivage.fr
GPS: 43.429735, 3.611996**

Vom Felsenkap zum Dünen-Delta

Glücksmomente

Wir sind begeistert von der Livemusik unter dem Leuchtturm im Bar-Restaurant Cap de Creus.

TOURENLÄNGE
Rund 350 Kilometer

START UND ZIEL
Von Portbou zum Ebrodelta

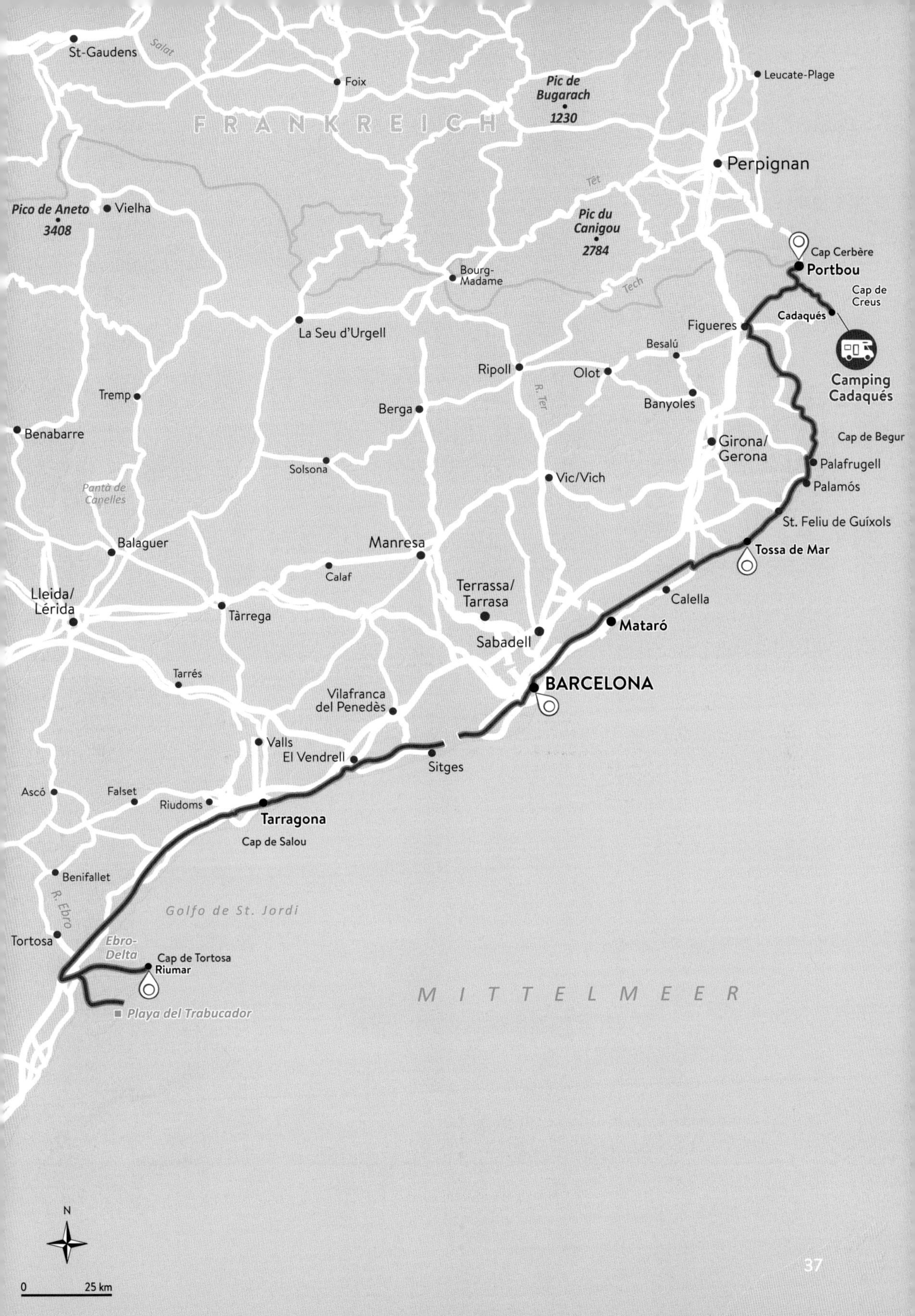
St-Gaudens
Salat
Foix
Pic de Bugarach 1230
Leucate-Plage
FRANKREICH
Perpignan
Têt
Pico de Aneto 3408
Vielha
Pic du Canigou 2784
Cap Cerbère
Portbou
Bourg-Madame
Tech
Cap de Creus
Cadaqués
Figueres
Camping Cadaqués
La Seu d'Urgell
Besalú
Ripoll
Olot
Tremp
R. Ter
Banyoles
Berga
Benabarre
Girona/ Gerona
Cap de Begur
Palafrugell
Solsona
Vic/Vich
Palamós
Pantà de Canelles
St. Feliu de Guíxols
Balaguer
Manresa
Tossa de Mar
Calaf
Terrassa/ Tarrasa
Calella
Lleida/ Lérida
Tàrrega
Mataró
Sabadell
Tarrés
BARCELONA
Vilafranca del Penedès
Valls
El Vendrell
Sitges
Ascó
Falset
Riudoms
Tarragona
Cap de Salou
Benifallet
R. Ebro
Golfo de St. Jordi
Tortosa
Ebro-Delta
Cap de Tortosa
Riumar
MITTELMEER
Playa del Trabucador
N
0
25 km

FELSENKAPS, DACHTERRASSEN UND REISFELDER

An Nordspaniens Ostküste

Auf der ersten Etappe unserer Reise entlang der spanischen Mittelmeerküste erkunden wir Streckenverläufe, Nightspots, Badestellen und Wanderrouten, die es in sich haben. Diese Küste nennt sich Costa Brava, also die Wilde, die Großartige oder Ausgezeichnete. Da ist was dran. Wir finden schönste Natur, ruhige Plätze am Meer und besuchen Barcelona einmal ganz anders – in Wanderschuhen.

AN DER GRENZE ZU SPANIEN

Wie eine gewaltige Barriere trennt das Gebirgsmassiv der Pyrenäen Südfrankreich von Nordspanien. Im Osten fällt es steil zur Mittelmeerküste ab. Irgendwo hier müssen die Campervan-Traveller herauf und wieder herunter, wenn sie von Norden aus Frankreich kommen. Die meisten werden sich, wie wir, für die landschaftlich schöne D914 zwischen dem französischen Cerbère und dem spanischen Portbou entscheiden. Das ist interessanter, als die eintönige Autobahn E15 zwischen Perpignan und Figueres zu nehmen.

Oben: Grenzwege über Portbou
Unten: El Port de la Selva

Etwa 160 Meter hoch über dem Meer, am Col des Balistres, dem Pass der Bettler, blättert die Farbe des alten Grenz- und Zollgebäudes mit dem Schriftzug Porte de France vor sich hin. Wir vertreten uns hier kurz die Beine und laufen auf beschilderten Pfaden ein Stück nach Westen in die Berge. Immer wieder kommt das Meer und davor die große Eisenbahnstation von Cerbère in den Blick. Die steilen Treppen und Steige am östlichen Steilabbruch, zum Cap Cerbère hinab, waren einst die Verkehrssysteme von Schmugglern und Schiebern.

Vom Col des Balistres schauen wir nach Süden und sehen das spanische Portbou von seiner schönsten Seite. Als wir später dort unten ankommen, parken wir den Bus und schlendern über die von großen Platanen beschattete Rambla de Catalunya. Dann erkunden wir den schmalen Passeig de la Sardana und gehen am Wasser entlang zum kleinen Hafen. In der Bar Oca am Wasser trinken wir zur Einstimmung auf Spanien Café con leche und essen leckere Churros.

Von Portbou fahren wir weiter Richtung Süden auf der Küstenstraße. Kurz vor dem großen Tunnel nehmen wir das alte Sträßchen N-260a, das von der N-260 abzweigt. Es ist eine leicht zu fahrende, schmale Straße, teilweise Piste, und oben bietet sie einen extrem schönen Blick. Wir nutzen diesen guten Platz, um vor der Punta de l'Escala zu halten und ausgiebig Picknick zu machen – in aller Abgeschiedenheit und bei umwerfender Aussicht.

Weiter geht es Richtung Süden, die N-260 entlang, und es folgt eine Reihe schöner kleiner Badebuchten. Die Straße schmiegt sich stets an die Küste, Llançà taucht auf, dann El Port und schließlich das Cap de Vol mit dem alten Leuchtturm Far de s'Arenella. Das sind alles Plätze, die zum Baden und Verweilen locken, sodass wir uns nur schwer entscheiden können, welchem wir den Vorzug geben. Letztlich halten wir erst in El Port de la Selva etwas länger und wandern durch die schneeweißen Gassen des alten Fischerdorfs entlang der fast kreisrunden Bucht. Dort, am Carrer del Mar, kehren wir zum nächsten Kaffee im hübsch gelegenen Strandcafé Ca La Maria ein.

Strandcafé Ca La Maria
Carrer de l'Illa 1, 17489 El Port de la Selva, Tel. +34 972 387320
GPS: 42.338754, 3.204021

ERLEBNIS CAP DE CREUS

Von El Port de la Selva nähern wir uns dem nächsten Ziel über das herrliche Sträßchen GI-613. Es führt durch wilde Natur über hohe Berge und dann hinab nach Cadaqués. Von hier geht es nach Norden in den Naturpark Cap de Creus. Erst mal versperrt eine Schranke den Zugang, aber wir sind angemeldet im Restaurant am Leuchtturm, denn wir haben unseren Aufenthalt dort von langer Hand geplant und ein Zimmer gebucht. An diesem Abend soll nämlich eine coole Band aufspielen und das wollten wir nicht verpassen. Der Wärter winkt uns durch und wir dürfen mit unserem Camper ins streng kontrollierte Terrain. Unser VW-Bus gilt hier offenbar nicht als Wohnmobil, denen die Zufahrt verwehrt ist.

Das Wetter stimmt, es ist spätsommerlich warm und da die Hauptsaison vorbei ist, herrscht wenig Publikumsverkehr auf dem Kap. Wir dürfen den Bus direkt vor dem Haus parken und dann den tollen Sitzplatz auf der Restaurantterrasse unter dem Leuchtturm genießen. Unser Blick schweift frei von Ost bis West über die wilde Landschaft, die Sonne versinkt hinter den Pyrenäen und wir sind sehr beeindruckt von diesem Ort. Erst recht, als der Leuchtturm anspringt und seinen Lichtarm über das Felsenwirrwarr wandern lässt. Dann kommt das indische Essen und es schmeckt

| **Am östlichsten Leuchtturm Spaniens**

hervorragend. Vor wenigen Gästen beginnt die Band zu spielen: James White, eine in Cadaqués weltberühmte Crew. Bass und Schlagzeug setzen ein ... nur der Wind gibt nicht auf, zerreißt die trockenen Töne und schickt sie weit übers Meer.

Gut zu wissen

NATURPARK CAP DE CREUS

Das einsame und – bis auf den Leuchtturm und das Bar-Restaurant in der alten Polizeistation – gänzlich unbebaute Terrain ragt wie ein Sporn ins Meer hinein. Nur ein schmales Sträßchen führt zum Faro. Und das hat es in sich: Die 13 Kilometer sind ein Highlight und stehen ganz oben im Ranking toller Küstenstraßen am Mittelmeer. Ab Cadaqués ist dieser Weg in den Naturpark für große Wohnmobile allerdings gesperrt. Kleine Vans können bis zum Kap vorstoßen und dort tagsüber parken, müssen aber vor Sonnenuntergang zurück sein. Wenn zu viele Autos den Naturpark heimsuchen, wird der Zugang ganz gesperrt. Denn das Kap ist für viele interessant: Dutzende Buchten laden zum Baden ein und zahlreiche Pfade zum Wandern. Für alle, die nicht legal hereinfahren dürfen und zum Beispiel auf dem Campingplatz Cadaqués stehen, fahren Busse ab dem Busbahnhof von Cadaqués (Corral d'en Morell). Zudem ist es möglich, Fahrräder auszuleihen: cycling-friendly.com/de/fahrradverleih/spanien/katalonien/cadaques.

Oben: Rockmusik am Kap der Stürme
Unten: Cap de Creus: Beste Bar im Nirgendwo

Was ist das für ein Ort, was für ein seltsam gebautes Haus? Wer hat es zum Restaurant umfunktioniert? Chris Little, ein Engländer und Chef des Hauses, beantwortet geduldig unsere Fragen: Jahrzehntelang ist das Cap de Creus ein Ort fern aller Zivilisation. Das Felsenrund ragt weit hinaus ins Mittelmeer, obendrauf nur ein Lichtsignal für den Schiffsverkehr. Oft zerrt der Wind, Tramontana genannt, an der spärlichen Vegetation, wenige Pflanzen ducken sich in Ritzen und Senken. Chris Little entdeckt den einsamen Platz in den 1980ern, verguckt sich in diesen Ort der Leere und bleibt. Der Doktor der Molekulargenetik schult sich selbst um, entwirft indische Kochrezepte, zieht immer mehr Besucher an, lädt unbekannte Bands auf die Terrasse – und wird so zur Legende.

Bar-Restaurant Cap de Creus
Carretera Cap de Creus s/n, 17488 Cadaqués, Tel. +34 972 199005, restaurantcapdecreus.com
GPS: 42.319296, 3.315564

Camping Cadaqués
Avenida de Salvador Dalí 23, 17488 Cadaqués, Tel. +34 900 056003, wecamp.net/destinos/wecamp-cadaques
GPS: 42.291778, 3.283361
Wer hier übernachten will, muss mindestens zwei Nächte bleiben und sollte unbedingt vorher reservieren.

KULTURHAFEN CADAQUÉS

Mit Cadaqués besuchen wir das Aushängeschild der Costa Brava. Der schöne Ort liegt am Wasser und strahlt für uns etwas Exquisites aus. Der Hauptplatz wirkt edel, über die Plaça de Passeig geht man auf Schiefer, und fein restaurierte Häuser und Caféterrassen im hispanischen Design umrahmen den kleinen Hafen. Wir machen uns kundig in der Bar Boia und Diego, ein Stammgast, erzählt, dass sich hier einst Pablo Picasso, Salvador Dalí und andere Größen der Kultur trafen. Nach Dalís Tod wurde sein Haus zum Museum. Den Besuch dieses Labyrinths aus verfeinerten Fischerhütten im nahen Port Lligat lassen wir uns nicht entgehen: Die Dächer zieren Eierskulpturen, vom Künstler und seiner Frau arrangiert, und wir entdecken viel Eindrückliches – die bunte Werkstatt des Malers, seine Bibliothek, das Vorzimmer mit Bär.

Bar Boia
Passeig Cadaques 17, 17488 Cadaqués,
Tel. +34 972 258651, boianit.com
GPS: 42.288822, 3.278077

Museum Casa Dalí
Cala de Port Lligat, 17488 Port Lligat,
Tel. +34 972 251015, salvador-dali.org
GPS: 42.293388, 3.286034

DURCHS MASSÍS DE CADIRETES

Unser nächstes Ziel ist Barcelona. Um zu sehen, was die Costa Brava unterwegs an Küstenformationen zu bieten hat, fahren wir über Sant Feliu de Guíxols, Punta Brava und Tossa de Mar am Meer entlang. Die

Standplatz im schönen Ebrodelta

gewundene Küstenstraße GI-682 begeistert uns, denn sie führt, direkt über dem Steilufer, unter den bewaldeten Hügeln des Massís de Cadiretes hindurch. Wir erhaschen schöne Blicke auf viele tolle Badebuchten: Cala d'Urgell, Cala del Senyor Ramon, Cala Pola, Cala Bona.

AUF BERGTOUR DURCH BARCELONA

Die katalanische Hauptstadt wollen wir per pedes erkunden mit dem Ziel, möglichst hoch hinauszukommen und Überblick zu gewinnen. Wir haben für die Nacht ein Hotelzimmer gebucht, stellen den Bus zentral im Parkhaus ab und können den Tag nun sorglos angehen.

Central Parking Ramblas,
Carrer de la Unió 7
GPS: 41.379609, 2.173480
Achtung, die zulässige Fahrzeughöhe beträgt 2,10 Meter!

Blue Barcelona
Via Augusta 65,
bedandbreakfastbluebarcelona.com
GPS: 41.400193, 2.151432
Das Hotel befindet sich in der Nähe (500 m) der Plaça del Sol.

Erste Station unserer Erkundung ist die Dachterrasse des Sercotel Rosellón (Calle del Roselló 390, sercotelhoteles.com), direkt an der Nordseite der berühmten Kirche Sagrada Família. Was der berühmte Architekt Antoni Gaudí einst geplant hatte und bis heute auf Vollendung wartet, können wir von der Bar aus luftiger Höhe betrachten – und einen genialen Ausblick genießen. Zum Greifen nah sind die verschnörkelten Simse, Bögen und steinernen

Mützen der Türme. Manches ist schon fertig, vieles noch im Bau und luftig montierte Kräne schweben über allem.

Weiter geht es zum berühmtesten Objekt des katalanischen Stararchitekten und wieder hoch hinauf: bis aufs Dach des bunten Stadthauses von Gaudí, der Casa Batlló am Passeig de Gràcia 43 (casabatllo.es). Kann man bunter, ornamentaler, anmutiger in Stein gestalten? Wir sind begeistert von diesem Gesamtkunstwerk und genießen die Blicke auf das Häusermeer von ganz oben.

Abschied von Gaudí nehmen wir noch ein Stück weiter oben, und zwar im Park Güell über dem Stadtzentrum. Die Anlage bietet eine tolle Aussichtsterrasse und überall finden sich fantastische Ornamente, Kacheln, Becken, Mäuerchen und Simse.

Park Güell, Carrer d'Olot,
parkguell.barcelona
GPS: 41.413584, 2.153418

Der Tag neigt sich bereits und wir beeilen uns, noch ein Stück höher zu kommen: Vom Park Güell führt ein Pfad durch Büsche und Wiesen zum höchsten Hügel Barcelonas, dem Parc del Carmel. Hier hinauf, zum Mirador de la Farma (41.418422, 2.153429), verirren sich nur wenige Touristen. Weit schweift der Blick über die Stadt und das glitzernde Meer. Ein Dutzend gut aufgelegter Studenten feiert das Leben mit Cava-Sekt und besingt melancholisch den tollen Sonnenuntergang. In der Dämmerung steigen wir wieder herab in die Stadt und schlendern zur herrlichen Plaça del Sol im Barrio Gràcia. In der Tapasbar Sol Soler haben wir einen Tisch vorbestellt und lassen den Abend ausklingen – gemütlich und hervorragend verköstigt.

Tapasbar Sol Soler
Plaça del Sol 21, Tel. +34 931729975
GPS: 41.401591, 2.156318

IM EBRODELTA

Von Barcelona aus nehmen wir die Autobahn E-15 über Tarragona und fahren bis Tortosa. Dort biegen wir ab nach Amposta und rollen ins Ebrodelta. Auf diesen Spot haben wir uns lange gefreut: Der Fluss ist über 900 Kilometer lang und entspringt auf der westlichen Seite Nordspaniens nahe dem Atlantik, genauer gesagt am Berg Tres Mares in Kantabrien auf 1880 Meter Höhe. Er schleppt und schiebt tonnenweise Sand nach Osten und ins Mittelmeer.

Die Strecke führt entlang der T-340 in Richtung Riumar. Kurz vor der Siedlung biegen wir links auf eine der Sandpisten in Richtung Platja de la Bassa de l'Arena ab. Es geht über festgefahrene, von Autospuren gezeichnete, versalzene und einsame Sandflächen bis an die hohe Düne, die den Strand vom Inneren des Deltas trennt. Aufpassen müssen wir bei feuchten Tümpeln, dort würde jedes Fahrzeug versinken! Wir kommen gut durch – auch dank Allrad – und parken den Camper im Sand. Dann steigen wir über die Düne und baden im tollen Wasser. Der kilometerlange Sandstrand liegt einsam in der Sonne, wenige Sonnenanbeter wandern vorbei, manche lagern weit in der Ferne und wir genießen die Idylle.

Hier zu übernachten trauen wir uns allerdings nicht: Wir sehen zwar kein Verbotsschild, aber der Platz gehört vielleicht zum Naturschutzgebiet. Am späten Nachmittag rollen wir daher auf der Àguila Pescatera nach Norden, biegen zu einer kleinen Cabaña ab und finden einen Platz unter alten Palmen und Eukalyptusbäumen. Es ist die ideale Stelle zum Übernachten in den Reisfeldern. Ob wir hier stehen dürfen? José, ein Bauer, kommt vorbei, den wir fragen, und wir haben Glück: Hier können wir bleiben! Am Abend beobachten wir Tausende von Vögeln, die sich rund um uns herum in den Wiesen niederlassen.

Was es mit dem berühmten Reis auf sich hat, der hier auf einer Fläche von über 20000 Hektar wächst, erfahren wir am nächsten Tag im nahen Restaurant Casa Nuri: Weil der sumpfige Boden des Ebrodeltas ideal ist für die Pflanze und Reis von hervorragender Qualität hervorbringt – die geschützte Herkunftsbezeichnung lautet »DOP Arròs del Delta de l'Ebre« –, zählt die Region zu den wichtigsten Reisanbaugebieten Spaniens. Entsprechend oft und gern kommt Reis (arròs) verschiedenster Sorten auf den Tisch. Wir können uns kaum zwischen den vielen Gerichten auf der Speisekarte entscheiden: Paella, Rossejat, Reis mit Ente, Reis mit Hummer, schwarzer Reis oder Reis mit blauer Krabbe – alles Produkte aus dem Delta.

Restaurant Casa Nuri
Pas Illa de Buda s/n, 43580 Riumar,
Tel. +34 977 480128,
restaurantnuri.com
GPS: 40.713031, 0.834800

Camping Eucaliptus
Delta de l'Ebre, Urb. Eucaliptus,
+34 977 47 90 46
40.656849, 0.780307

BRÜCKE AUS SAND

Zum Abschluss der Tour fahren wir zum südlichen Delta-Außenrand, wo es spektakuläre Sandflächen mit Blick aufs Meer gibt und herrliche Plätze, um mit dem Camper tagsüber zu stehen und zwischen den Badegängen Picknick zu machen. Berühmt ist die Playa del Trabucador, ein kilometerlanger, ultraschmaler, das Wasser teilender Sandstreifen. Wir kommen nur dorthin gegen einen kleinen Obolus an der Schranke. Aber es lohnt sich: Der Strand ist toll zum Baden, Chillen und Strandwandern.

Der Strand Trabucador ist zwischen 8 und 23 Uhr zugänglich, die Gebühr beträgt 8 Euro. Nachts zu parken ist streng verboten, es drohen harte Strafen. turismelarapita.cat/en/trabucador, GPS: 40.635617, 0.747724

Spaniens östliche Sonnenbank

Glücksmomente

Wir wandeln durch Elche, im kühlen Schatten einer arabischen Oase, unter tausend Palmen.

TOURENLÄNGE
Rund 260 Kilometer

START UND ZIEL
Von Elche nach San José

Almansa
Ontinyent
Viveros
Roble 1257
Pozohondo
Alcoi
Madroño 1051
Ontur
Villena
Emb. de Talave
Ríopar
Porrón 979
Hellín
Jumilla
Elda
Emb. de Fuensanta
Elche de la Sierra
Emb. de Cenajo
Alicante
Emb. de Camarillas
Río Tabilla
Elx/Elche
Cieza
Cabo Sta. Pola
Santa Pola
Emb. de Argos
Callosa de Segura
Emb. de la Cierva
Molina de Segura
Cehegín
Oasengarten Los Limoneros
R. Mula
Mula
Puebla de Don Fadrique
Murcia
Sal. de Torrevieja
Torrevieja
Sucina
Librilla
Emb. de Valdeinfierno
Emb. de Puentes
Totana
Galera
Mar Menor
Lorca
Vélez Rubio
La Manga del Mar Menor
Cabo de Palos
Mazarrón
Cartagena
Talayón 881
Chirivel
Purias
Cañada de Gallego
Cabo Tiñoso
Lucar 1722
Playa Percheles
Águilas
Albox
Huércal-Overa
Tijola
Cala Panizo
Vera
El Calón
Tahal
Garrucha
Mojácar
Sorbas
Tabernas
Carboneras
Níjar
Pta. de la Media Naranja
Benahadux
MITTELMEER
Rodalquilar
Camping La Caleta
Almería
Camping Los Escullos
Isleta del Moro
San José
Playa de los Genoveses
Cabo de Gata
N
0
30 km

VON DER COSTA CÁLIDA ZUM CABO DE GATA

Grüne Oasen, eiserne Felsen und steinige Wüsten

Auf dem ersten Abschnitt unserer Tour durch den Südosten Spaniens durchqueren wir eine Region namens Costa Cálida, zu Deutsch die »heiße Küste«. Es ist Anfang September und wir haben Glück: Trotz Sonne herrschen angenehme Temperaturen, von großer Hitze keine Spur. Vom Meer weht stets ein lauer Wind und zwischen großen Obst- und Gemüseplantagen riechen wir, dass die Ernte in vollem Gange ist.

MAURISCHE AGRARKULTUR IN ELCHE

Elches Wahrzeichen ist der Palmeral, ein Wald von 40 000 Palmen und seit dem Jahr 2000 UNESCO-Weltkulturerbe. Wir sind gespannt auf dieses Stück Arabien mitten in Spanien – und werden nicht enttäuscht. Wie bei einem Lehrpfad können wir auf Tafeln nachlesen, was es mit diesem Juwel in trockener Landschaft auf sich hat: Die Oase ist ein Überbleibsel der Maurenherrschaft und wurde einst als Hort der Landwirtschaft errichtet. Zusammen mit sparsamer Bewässerung sorgt das Palmendach für bestes Klima beim Anbau von Obst und Gemüse.

Oben: Elches letzter Dattel-Hain
Unten: Arabisches Erbe in Elche

Davon ist heute leider nichts mehr zu sehen. Doch nun hat die Stadt genehmigt, auch das können wir nachlesen, dass dank einer Initiative des Biologen Vicent Sansano Nachbarschaftskollektive im Viertel Altabix die gut erhaltene Oase als Kleingarten nutzen dürfen. In Zeiten hoher Preise für Obst und Gemüse sicher eine gute Idee.

Auch das ist ein Lichtblick: Als einziger Landwirt Europas nutzt Miguel Angel Sánchez einen Teil des Waldes zur Produktion von Datteln (todopalmera.com). Dass andere Abschnitte der Oase nicht für die Ernährung, sondern allein der Schönheit wegen gehegt und gepflegt werden, stört uns nicht. Im Gegenteil: Im botanischen Garten Huerto del Cura stehen zwischen Teichen, Kanälen und kleinen Wasserfällen dicht an dicht bezaubernde Exemplare

– Palmen, die man nirgends sonst zu Gesicht bekommt, wie die Triple-Imperial. Als wahres Kunstwerk der Natur streckt sie ihre Stämme nach Art eines Kandelabers in den Himmel.

Huerto del Cura
Carrer Porta de la Morera 49,
Tel. +34 965 451936,
huertodelcura.com
GPS: 38.263946, -0.691423

Etwas außerhalb der Stadt an der N-340 bei Crevillent liegt ein bildhübsches maurisches Caféhaus, dessen Besuch sich lohnt: Casa Morisca,
carmendelcampillo.com
GPS: 38.222678, -0.847975

NIGHTSPOT UNTERM PALMENDACH

Zum Übernachten fahren wir ans Meer in Richtung La Marina zu einem liebevoll gepflegten Oasengarten mit Palmen und Obstbäumen, dazwischen verteilen sich kleine Sitzgruppen und Hängematten. Gegen eine Gebühr von zwölf Euro ist Los Limoneros offen für Campervan-Traveller – und noch dazu ein Hort der Ruhe! Der Standplatz liegt etwa einen Kilometer vom Meer entfernt und man erreicht den herrlich einsamen Dünenstrand über einen Fußweg durch den Pinienwald. Der junge Besitzer Lot erläutert uns, was spanische Bauern von den Arabern lernen können: »Die Palmenoasen sind ein effektives System zum Schutz der Gemüsegärten in heißen Regionen: Sie halten den Morgentau fest und reduzieren das Austrocknen der Böden durch den Wind. Zudem können sie Wasser mit ein wenig Salz nutzen, wie es hier in Strandnähe in der Erde vorkommt.«

Oasengarten Los Limoneros in La Marina: Wegen Lizenzproblemen ist der Oasengarten Los Limoneros vorübergehend geschlossen.
Info: campsite.bio/loslimoneros
Man kann den tollen Ort trotzdem besuchen und ein paar Meter weiter, in der Nähe der Strand-Dünen stehen.
Pinienwald La Marina
GPS: 38.145774, -0.637191

ENTLANG DER ALTEN BERGBAUKÜSTE

Wir rollen nach Süden, biegen südlich von Mazarrón von der E-15 nach Südosten auf die RM-D21 ab und suchen schmale Küstenstraßen. Wir wollen freie, wenig zugebaute spanische Meereslandschaft entdecken und erleben, und die finden wir: Hinter der Ortschaft Cañada de Gallego öffnet sich ein herrlicher Küstenabschnitt mit lauter schönen, freien Standplätzen direkt am Wasser. Ausgerechnet in der Hochburg der industriellen Landwirtschaft finden Camper, was sie sonst vergebens suchen. Klar, im Hinterland glänzen Plastikplanen in

Oben links: Toller Standplatz im Los Limoneros
Oben rechts: An der Bergbauküste
Unten: Baden an der Cala Cortao

der Sonne. Vom Strand aus allerdings kann man diese Wahrzeichen moderner Landwirtschaft kaum sehen, Camper haben nichts als das herrliche blaue Wasser und den offenen Himmel im Blick. Wir rollen auf der schmalen, staubigen Uferstraße Antonio Saura dahin und finden einen tollen Stell- und Badeplatz nach dem anderen: Playa Cabezo, Punta Negra, Playa Percheles, Playa de Minas.

Playa Cabezo: freier Stand an der Calle Antonio Saura. Hier haben sich eine kleine Hippie-Kommune und einige nordeuropäische Langzeitcamper eingerichtet, von der Polizei offenbar geduldet. GPS: 37.544891, -1.363310

Playa Percheles: Der Womoplatz Schlangenbucht wird von Elena und David geführt, eine Strandbar ist im Bau. GPS: 37.529722, -1.382500

Weiter geht es auf der Küstenstraße RM-D21, dann auf der Piste am Ufer entlang und vorbei an der vielbesuchten Playa Percheles. Weit und breit sehen wir keine Häuser – nach Westen erstreckt sich die trockene, braune Landschaft mit ihren staubigen Feldern, nach Osten verschwimmt das Meer mit dem blauen Himmel. Mit einem Mal schiebt sich das einsam gelegene, hübsche Strandrestaurant Morabu in den Blick. Wir sind ganz angetan: Hier herrscht eine Atmosphäre, die an Mexiko erinnert. Wir machen halt, setzen uns auf die nette Strandterrasse und tun uns ausgiebig an Fisch und Salat gütlich.

Strandrestaurant Morabu
Diseminado Ifre 5, 30876 Murcia,
Tel. +34 660 321495
GPS: 37.517934, -1.397044

Wenige Kilometer weiter Richtung Süden erreichen wir das gefällige alte Fischerdorf Calnegre. Ein urgemütlicher Platz, wo scheinbar nur einheimische Kinder und Jugendliche den Strand bevölkern. Der Ort wirkt irgendwie verlassen und vergessen. Niedrige, bunt bemalte Häuser und ein paar kleine Fischerboote im Sand fügen sich vor unseren Augen zu einem abblätternden Gemälde der 1960er-Jahre. Hätten wir uns nicht so viel vorgenommen, würden wir uns in eine der verlassenen Gassen quetschen und hier die Nacht verbringen. Gleich nebenan, nach Süden hin, erhebt sich die dunkle Punta de Calnegre, ein interessantes Wandergebiet hoch über dem Meer.

Wir reißen uns los, biegen vom Meer nach Norden ab, umfahren auf der Straße RM-D15 das Küstengebirge und kehren bald ans Wasser zurück. Tolle Badeplätze entdecken wir an der Siedlung Cope, wo sich der uralte Piratenturm Torre de Cope erhebt. Davor erstreckt sich die Playa del Sombrerico, und auch von hier aus ließe sich hervorragend ein Stück der Küste erwandern: Cabo Cope ist für solche Unternehmungen ein toller Spot.

Toller Stand an der Cala Panzio

Aber wir wollen weiter und fahren an Calabardina vorbei, dann quer durch Águilas, ein lebhaftes Städtchen mit bildschönem, von Palmen beschattetem Strand. Weiter geht es durch San Juan de los Terreros, von dort auf die AL-7107, die Küstenstraße Richtung Garrucha. Und hier, kurz hinter Pozo del Esparto, finden wir unseren genialen Nightspot: Wir stehen auf einem kleinen, sandigen Parkplatz und versteckt zwischen Felsen und unter ein paar hoch oben thronenden Villen liegt die Cala Panizo – ein schöner, winziger Sandstrand mit ausladendem, schwarzem, flachem Felsplateau.

Cala Panizo, kurz vor El Calón: wunderbare Badestelle mit kleinem Parkplatz am Meer. GPS: 37.318917, -1.700417

AN DER EISENKÜSTE

Nach einem ausgiebigen Frühstück in der Sonne und mehreren Badegängen starten wir am nächsten Morgen Richtung Bergwerksküste. Wieder eine Strecke, die wir der Liste der schönsten Küstenstraßen am Mittelmeer hinzufügen können! Hier führt die AL-7107 durch die schwarzen Steilufer, bietet grandiose Blicke über das Meer und bizarre Kaps. Unten am Wasser finden wir immer wieder freie Standplätze, wie an der Cala Cristal und an der sehenswerten Cala Cortao. Die meisten Plätze sind leer, nur hin und wieder hat sich ein Angler mit seinem Auto eine der kurzen, steilen Pisten von der Straße zum Wasser heruntergearbeitet. Hier eine Nacht ganz ungestört an der Küste zu verbringen und ausgiebig im klaren Wasser zu baden ist kaum zu toppen. Außerdem locken gut beschilderte Bergpfade zu einer lehrreichen Wandertour entlang der verlassenen Bergbaugebäude.

Ein paar Kilometer weiter Richtung Süden erreichen wir das Bergwerksdorf Villaricos. Es geht weiter bis Garrucha und dann auf die AL-5107. Auch diese bergige Küstenstraße hat es in sich. Wir fahren den Pass herunter und erreichen bald Carboneras, ein Städtchen mit einem sehr hübschen palmengeschmückten Strand und vielen kleinen Bars und Restaurants. Wir trinken einen Café con leche und entdecken beim anschließenden Bummel eine Mauer, die vom Besuch John Lennons im Jahr 1966 erzählt.

Stehbar Ay Carmela Playa
Paseo Marítimo 51, 04140 Carboneras, Tel. +34 624 245368
GPS: 36.997056, -1.890445

NATURPARK CABO DE GATA

Ja, das gibt es: ein europäisches Stück Mexiko, einen Naturpark, dessen Atmosphäre uns an Landschaften in Mittelamerika erinnert! Cabo de Gata entpuppt sich eindeutig als schönstes Highlight auf unserer Reise entlang der spanischen Südostküste – hier finden wir Natur pur am Mittelmeer! Wir wollen ausgiebig wandern, entlang schwarzer Felsen und dunkler Bergrücken am blauen Wasser, zu abgelegenen Stränden, von denen man einige nur zu Fuß oder mit dem Boot erreicht. Früher einmal, so erfahren wir, war das Terrain ein Eldorado für Wildcamper und Hippies, die

Blick von Isleta auf den Cerro del Fraile

den Touristenstränden entfliehen wollten. Das hat sich herumgesprochen und es kamen so viele Naturliebhaber, dass zum Schutz der Landschaft Einschränkungen erlassen wurden. So bleibt den Campervan-Travellern heute nichts anderes übrig, als die Nächte auf einem der Campingplätze zu verbringen. Das ist zwar schade, aber kein Hindernis für tolle Aktivitäten während der langen Sommertage.

In Fußweite zum tollen Sandstrand von Las Negras: Camping La Caleta, Camino del Camping s/n, 04116 Las Negras, Tel. +34 950 525237, GPS: 36.872449, -2.006816

Unter den Kegeln des Cerro del Fraile: Camping Los Escullos, Paraje Los Escullos s/n, 04118 Níjar, Tel. +34 950 389811, losesculloscabodegata.com, GPS: 36.803906, -2.079012

Eine zehn Kilometer lange Wanderung startet in Las Negras (36.886081, -2.005828) zur Hippie-Bucht Cala de San Pedro (36.903238, -1.978989). Die Hippie-Gemeinde dort ist eine der letzten der Gegend und kann dank einer Quelle ohne Straßenverbindung ausharren. Ein Stück der Piste ist auch leicht mit dem MTB zu machen. Infos zur Route findet ihr hier: de.wikiloc.com/routen-wandern/las-negras-cala-san-pedro-21811683.
Wer nicht laufen will: Es fahren auch Boote von Las Negras ab.

Wir erreichen den Nationalpark am späten Nachmittag. Jetzt entfaltet das Gelände seinen schönsten Reiz: Die Hügelkette vor der Küste wirft schwarze, harte Schattenlinien über die kargen Böden. Das schräg einfallende Licht betont die Konturen der weiten Landschaft. In der Ferne sehen wir immer wieder kleinste Fincas – winzige, belebte Oasen im Meer der Einsamkeit. Unser Ziel ist das Fischerdorf Isleta. Als hinter dem Doppelvulkan Cerro del Fraile die Sonne untergeht, finden wir ein ruhiges Plätzchen auf dem von Unkraut überwucherten Vorplatz eines verlassenen Hauses. Sicher nicht ganz legal, aber immerhin mit schönem Blick aufs schimmernde Meer.

Am Morgen rollen wir hinab ins nahe Dorf Isleta und finden einen Parkplatz in der Avenida Terrera Magina (36.814025, -2.053513). Das kleine Restaurant Isleta del Moro am Wasser hat schon geöffnet und wir frühstücken auf der sehr hübschen Terrasse mit herrlicher Sicht auf den Doppelkegel des Cerro del Fraile.

Restaurant Isleta del Moro Plaza Paraíso 41, 04118 La Isleta, Tel. +34 950 389713 GPS: 36.813636, -2.051550

KÜNSTLERDORF RODALQUILAR

Ein schönes Ausflugsziel nahe La Isleta ist das ehemalige Bergarbeiterdorf Rodalquilar. Es verrät ein bisschen über die Geschichte der Region: Hier wurden einst Gold und andere Schätze der Erde entrissen. Das ist vorbei, doch als steinerne Zeugen dieser Zeit hat man so manche Ruine stehen gelassen. Viele Häuser wurden von Künstlern und Aussteigern übernommen, die Wände bemalt, Kakteen kultiviert, Bäume und exotische Blumen angepflanzt. Wer mehr über Dorf und Gegend wissen will, fragt Eva López. Sie spricht gut Englisch und arbeitet im Dorfladen El Rincón de Zaratustra, der sich gleich am Hauptsträßchen Calle Santa Bàrbara befindet und nicht zu verfehlen ist. Nebenbei ist Eva als Performerin aktiv und bietet Kurse an – in arabischem Tanz.

Im Künstlerdorf Rodalquilar gibt es eine coole Bar: El 340 Taberna, Calle Santa Bárbara 42, Tel. +34 680 402855 GPS: 36.846681, -2.040859

AN DER PLAYA DE LOS GENOVESES

So sieht sie aus, die ideale Badebucht: eingefasst von Felsenkaps und einer weiten Dünensichel. Am Horizont wölben sich die Vulkanhügel der knapp 500 Meter hohen Sierra del Cabo de Gata. Leider ist der Zugang zum langen Traumstrand bei San José mittlerweile reglementiert. Über schmale Wege und Pisten erreichen wir den großen gebührenpflichtigen Parkplatz, der etwa einen halben Kilometer vor dem Strand angelegt ist (36.74566, -2.12541). Weiter kommt man auf vier Rädern nicht und nachts wird der Zugang abgesperrt. In der Hauptsaison gibt es strenge Kontrollen, Wildcamper haben keine Chance. Wir kaufen das Parkticket, stellen den Bus zwischen Dutzenden anderer Autos ab und machen uns auf zur Küstenwanderung Richtung Playa Mónsul. Unsere Rucksäcke sind bestens gefüllt mit allem, was man für ein gutes Picknick braucht.

Zuerst geht es auf westlicher Seite an der weiten Bucht der Playa de los Genoveses entlang, durch Haine von Eukalyptusbäumen, weite Kakteenfelder und viele Zwergpalmen. Immer wieder stoßen wir auf fossilierte Sanddünen: Sie bestehen aus zu Stein gepresstem Meeresgrund. Der ewige Wind bläst die Kanten zu bizarren Formen. Im Anstieg auf den ersten kleinen Gipfel sehen wir die Sonnenanbeter am riesigen Strand nur noch ganz aus der Ferne. Vor uns erhebt sich der Morrón de los Genoveses, ein abgewetzter Vulkankegel. Nur etwa 165 Meter ist er hoch und doch ein perfekter Platz für die erste Brotzeit: Von hier aus überblicken wir erst so richtig das ideale Rund der Bucht und im Kopf entsteht der Blick zurück in die Geschichte. Sehr plastisch wird vorstellbar, wie dort unten im Jahr 1147 eine Flotte von zweihundert Schiffen aus Genua vor Anker lag. Daher stammt auch der Name dieser Idylle: König Alfons VII. hatte die Armada gerufen, um die nah im Westen liegende Stadt Almería der konkurrierenden Moslemherrschaft zu entreißen.

Südspaniens Costa de la Luz

Glücksmomente

Auf dem Meer, vor Afrikas Küste, blicken wir Finnwalen und Orcas ins Auge.

TOURENLÄNGE
Rund 50 Kilometer

START UND ZIEL
Von Tarifa nach Barbate

Alcalá de los Gazules
Medina Sidonia
San Pablo de Buceite
Jimena de la Frontera
Sambana
Marchenilla
Los Badalejos
Naveros
San José de Malcocinado
Benalup de Sidonia
Emb. de Barbate
San Martín del Tesorillo
Emb. del Guadarranque
Castellar de la Frontera
Salado
Cantarranas
Emb. del Celemín
Conil de la Frontera
Libreros
Vejer de la Frontera
Nuevo Castellar
Standplatz Restaurant Las Dunas
Casas de los Hierros
Emb. de Charco Redondo o Palmones
Río Almodóvar
Taraguilla
San Roque
Barbate
Los Caños de Meca
Tahivilla
Los Barrios
Santa Margarita
Palmones
La Zarzuela
El Almarchal
San Bernabé
La Línea de la Concepción
Área de Autocaravanas
Zahara de los Atunes
Facinas
Bahía de Algeciras
Algeciras
GB
Quesería El Cabrero
Gibraltar
Ensenada de Zahara
Atlanterra
Strand von la Peña
Los Pastores
Punta Grande de Europa
Cabo de Gracia
Bolonia
El Cuartón
Punta del Carnero
Duna de Valdevaquero
Punta Calmeral
El Bujeo
Punta Paloma
Punta Acebuche
Womo-Stellplatz El Lentiscal
Ensenada de Valdevaqueros
Ensenada del Tolmo
Tarifa
Punta Marroquí o de Tarifa
Estrecho de Gibraltar
Jbel Musa
El-Biutz
Finidiq
Cap Malabata
Ksar-es-Seghir
Cap Spartel
Riffien
Tanger
Souk-Tleta-Taghramet
MAROKKO
Melloussa
N
El-Borj
Souk-Khémis-des-Anjra
Mdiq
0
20 km
El-Arba

AUF DER KANTE DER KONTINENTE

Wind, Sand und magisches Licht

Im Campervan bis zum südwestlichen Ende Europas zu rollen, braucht ein bisschen Zeit: Wer es auf der Straße über die Pyrenäen und Iberiens Halbinsel bis zur Südküste geschafft hat, tut gut daran, zwischen Tarifa und Cádiz ein bisschen länger zu verweilen. Dort erstreckt sich die Costa de la Luz, die Küste des Lichts – und der Name ist kein leeres Versprechen.

AFRIKA IN SICHTWEITE

Das afrikanische Rifgebirge mit dem 800 Meter hohen Jbel Musa und der markante Felsen von Gibraltar rahmen eine 14 Kilometer breite Wasserstraße ein. Sie bilden das Tor zum Mittelmeer. Hier zeigt die hohe See jeden Tag ein anderes Blau, weil der kältere Atlantik das warme, salzhaltigere, von südlicher Sonne aufgewärmte Wasser des Mittelmeers überströmt. Ein Zusammentreffen, das tief am Meeresgrund starke Bewegung und oben am Himmel besondere Winde verursacht.

Oben: In den Dünen von Valdevaqueros
Unten: Tarifa hat Afrika im Blick.

Hier herrschen andere Temperaturen als an der mediterran geprägten spanischen Ostküste. Und, für Campervan-Traveller besonders wichtig: Es gibt noch viele naturbelassene Strandabschnitte, wo man stundenlang am Meer entlang oder durch die Uferwälder wandern kann, ohne von Zäunen, Hotels oder Autobahnen vom Wasser ferngehalten zu werden. Beliebt ist die Region freilich auch bei allen, die den Wassersport lieben: Wegen der riesigen Sandstrände, der manchmal meterhohen Wellen und der beständigen Winde treffen sich hier Kiter und Surfer aus aller Welt.

STANDPLÄTZE AM MEER

Mit dem Campervan an der Costa de la Luz frei in der Landschaft zu stehen und zu übernachten, ist allerdings etwas schwierig. Die ganze Region zwischen Tarifa und Bolonia, bis weit in den Westen, nach

Barbate herüber, ist Naturschutzgebiet. Wer dort campt, dem drohen hohe Geldstrafen. Um die Gegend ausgiebig zu genießen, müssen wir das aber auch nicht riskieren. An den schönsten Stellen gibt es genug passable Campingplätze: viele direkt am großen Sandstrand Los Lances nördlich von Tarifa und einige bei Zahara und Barbate. Wir sind im Spätsommer unterwegs, die Hauptsaison ist vorüber und so finden wir einige Spots in der freien Natur am Meer, um zu picknicken und des Nachts zum bezahlten Standplatz zurückzukehren.

Nach langer Suche entdecken wir einen freien Platz direkt am Strand mit Blick aufs Meer, als wir von der E5 zum Restaurant Los Pinos abbiegen. Hier logiert auch das Surf- und Kitecenter Tarifa. Wir rollen über den Parkplatz vor dem kleinen Hotel Arte Vida Tarifa und wühlen uns mit dem Allrad-Van nach links unter den Pinien hindurch in den Sand. Ideal, dieses Fleckchen, aber bitte denkt daran, dass ihr hier nicht platzraubend campt und auch alle Rückstände mitnehmt.

Strand von La Peña am Hotel Arte Vida:
GPS: 36.051667, -5.647427

Ein paar Hundert Meter weiter versteckt sich eine tolle Kneipe in den Dünen: Afrikana Beach Bar heißt sie und ist ein Platz mit wundervollem Ambiente und Blick aufs Meer. Am Abend treffen sich hier Kiter und Surfer beim Sunset Mojito. Später in der Nacht schicken DJs die Klänge dumpfer Trommeln herüber nach Afrika.

Afrikana Beach Bar am Strand von La Peña:
GPS: 36.050893, -5.646578

TARIFA MIT AFROARABISCHEM FLAIR

Allein schon die Speisekarten der vielen hübsch gestylten Tapasbars in Tarifas Altstadt zeigen, wie sehr Afrika in den südlichsten Teil Spaniens herüberwirkt: Couscous, Tajine und scharfe Gewürze zeugen vom bleibenden Einfluss der Kultur des nahen Kontinents. Auch in den Bars und Discos ist Musik mit arabischen und afrikanischen Klängen angesagt, zum Beispiel abends in der Surfbar Tomatito (Calle Cervantes 4). Hier kehren wir ein und können bestätigen: Der Mojito ist toll, vielleicht sogar, wie ein Plakat bewirbt, der beste der Stadt. Weil es so gemütlich ist in dieser verwinkelten Altstadt, sind wir am nächsten Tag schon wieder da und sitzen am Tisch vor dem Restaurant Casa Babel mit Blick aufs Gassengetriebe und unter Sonnenschirmen. Bei einem Ensalada Templada mit Gambas, Thunfisch und schwarzem Sesam spüren wir das nahe Meer.

| Wandern am Strand von Punta Paloma

MACULADA
1451
FA
estrecho.es

FURUNO
3ª CU-I-2-91

Casa Babel
Calle Pedro Cortés 1, 11380 Tarifa,
babeltarifa.es
GPS: 36.013180, -5.602693

WHALEWATCHING MIT FIRMM

Um das Meer nicht nur zu schmecken, zu riechen und zu hören, sondern seinen Bewohnern ins Auge zu schauen, buchen wir eine Whalewatching-Tour. Nirgendwo am Mittelmeer ist die Chance größer, Wale, Orcas und massenhaft Delfine aus der Nähe zu sehen. Um alles klar zu machen, gehen wir zum Laden der Stiftung firmm (foundation for information and research on marine mammals). Dort sitzt Jörn Selling am Computer, ein Biologe, der sich bestens auskennt mit dem Tierleben über und unter Wasser und sein Wissen durchaus mal mit Neugierigen teilt.

Wäre der Atlantik nicht so freigiebig, meint er, läge das Mittelmeer bald trocken. Wegen des höheren Salzgehaltes und schneller Verdunstung sinke der Meeresspiegel jährlich um 1,50 Meter. Zum Glück strömt bei jeder Flut kälteres Wasser aus dem Atlantik durch die Meerenge zwischen Europa und Afrika. Das schafft Ausgleich – und viel Bewegung in und auf der hohen See: Massenhaft Plankton entsteht, spornt die Nahrungskette an und ernährt kleine und sehr große Fische. Trotz des Motorenlärms der zahlreichen durchfahrenden Containerschiffe kommen Wale, Orcas und Millionen kleine Fische.

Derart gut informiert, fahren wir mit dem Boot von firmm aufs Meer, und tatsächlich: Im Licht des späten Nachmittags sehen wir viele, viele Wale, Delfine, Tümmler und Orcas. Wir können beobachten, wie sie zwischen Frachtern und Containerriesen vor der Kulisse der marokkanischen Berge ihre Bahnen ziehen – und sich von uns neugierigen Zuschauern anscheinend nicht stören lassen.

Anmeldung zum Whalewatching mit firmm: Calle Alcalde Juan Núñez 10, 11380 Tarifa, Tel. +34 956 627008, firmm.org
GPS: 36.009301, -5.606502

ABENTEUER PESCATURISMO

Noch sind die Gewässer zwischen Marokko und Spanien nicht leer gefischt – ein Reichtum, den Tarifas Fischer intensiv bewirtschaften. Besonders ertragreich ist die Jagd auf den atlantischen Thun: Er kommt auf seiner Reise zu den Laichgründen vor Sizilien im Frühsommer vorbei, im August und September ist er in Gegenrichtung unterwegs. Die Fischereifirma Mackintosh, auf deren Laden wir zufällig stoßen, nimmt seit Kurzem Besucher mit. Wir melden uns für eine Bootstour an, denn wir sind gespannt, ob uns die Männer von der Nachhaltigkeit ihrer Fangmethoden überzeugen können.

Oben: Pescaturismo: Auf Thunfischfang vor Afrika
Unten: Fischerboote in Tarifas Hafen

Am nächsten Morgen geht sie los, die aufregende und lehrreiche Bootstour. Die Männer arbeiten nicht mit Netzen oder Angelruten, sondern bringen mit Makrelen gespickte Leinen aus. Wenn der Thun gebissen hat, ziehen sie das Tier Hand über Hand an Bord und packen es vorsichtig in die Eiskiste. Tatsächlich ist es offenbar die nachhaltigste und schonendste Art des Geschäfts mit dem Thunfisch.

Pescaturismo Tarifa der Firma Mackintosh: Calle Batalla del Salado 39, 11380 Tarifa, Tel. +34 655 813 046, pescaturismotarifa.com/en/home GPS: 36.016105, -5.606487 Das freundliche Serviceteam spricht Englisch.

Ein weiteres tolles Outdoor-Event ist das Klettern mit Chris. Er spricht Deutsch und zeigt Kletterfreunden die Wände am Berg San Bartolo. Girasol outdoor company, Palmar de la Luz s/n, 11380 Tarifa, girasol-adventure.com/de/klettern.html

MAGISCHE KÜSTENWANDERUNG

Wir verlassen die quirlige Altstadt von Tarifa, denn wir wollen durch den Naturpark Punta Paloma bis zum großen Sandstrand vor Bolonia wandern. Um zum Toureinstieg zu kommen, fahren wir an der riesigen Düne von Valdevaqueros vorbei, dann über ein schmales Sträßchen bis zur kleinen Siedlung Punta Paloma, wo der Wanderweg beginnt.

Aber Achtung, die Sackgasse ist nichts für große Womos, sie ist eng und hat kaum Parkplätze. Vorbei am kleinen Restaurant El Mirlo, rollen wir bis zur bescheidenen Terrassenbar Justito de Copas und bestellen beim Wirt für den Abend einen Tisch mit Aussicht aufs Meer. Jetzt können wir den Bus guten Gewissens auf seinem kleinen Parkplatz abstellen und zur tollen Badewanderung aufbrechen.

Ab hier kommt nur noch wilde Natur: zunächst Felsen und kleine Buchten, vor Bolonia dann ein riesiger, einsamer Sandstrand ohne jede Infrastruktur. Vereinzelt und weit auseinander lagern Nudisten und andere Naturfreunde, da und dort liegen blaue Flüchtlingsboote halb zugeweht im Sand. Sie ragen wie Mahnmale in den Himmel und werden von den Badenden gern als Sonnenschutz genutzt. Kühe kommen von den nahen Weiden herunter bis an den Strand – manche suchen sogar das kühle Wasser.

Am späten Nachmittag geht's am Meer entlang zurück, das Abendlicht beleuchtet die kolossalen Felsen grandios. Bei Justito de Copas rücken wir zufrieden unsere Stühle an den kleinen Terrassentisch und genießen ein paar wunderbare Tapas.

Bar Justito de Copas
Paloma Baja 15, Punta Paloma, 11380
Tarifa, Tel. +34 956 734409
GPS: 36.065207, -5.723754

Whalewatching vor Tarifa: Wale halten gerne Kurs.

ABSTECHER ZUM JUNGEN ÖKOBAUERN

Oberhalb von Bolonia, hoch auf den grünen Hügeln der Sierra de la Plata, besuchen wir einen der letzten traditionellen Kleinbauernhöfe der Gegend. Schilder an der Landstraße CA-8202 weisen den Weg zur Quesería El Cabrero. Hier wollen wir leckeren Biokäse kaufen und dabei Interessantes über die Landwirtschaft an der Costa de la Luz erfahren. Mario und Lorena empfangen gern Gäste auf ihrem kleinen Hof. Der sympathische Betrieb bietet ökologische Produkte an, etwa sehr schmackhaften Joghurt und Ziegenkäse. 150 Tiere werden hier jeden Tag gemolken und versorgt. Wir verbringen den halben Nachmittag bei den beiden, streifen mit Mario durchs Gelände und genießen den tollen Platz mit weitem Blick über Land und Meer.

Quesería El Cabrero
El Realillo 20, 11391 Playa de Bolonia, Tel. +34 650 421774
GPS: 36.109797, -5.766686

Unterhalb der Quesería gibt es einen Standplatz mit tollem Blick aufs Wasser. Aber fragt zuvor in der Quesería, ob ihr dort stehen dürft.
GPS: 36.099157, -5.780702

Der offizielle Womo-Stellplatz El Lentiscal befindet sich in der Nähe der Dünen am Strand von Bolonia.
GPS: 36.0880, -5.7658

IN DER STADT DES THUNFISCHFANGS

Zum Schluss besuchen wir das interessante Hafenstädtchen Barbate, das idyllisch am Rand einer Lagune liegt. Schneeweiße, kubische zwei- bis dreistöckige Häuser drängen sich über dem blauen Wasser. Die Gemeinde ist Standplatz der letzten Thunfisch-Fangstation alter Art, die dabei verwendeten, teilweise uralten Boote haben die Fischer dekorativ im Flussarm des Barbate festgemacht. Um die Sache besser zu verstehen, besuchen wir das Thunfischmuseum La Chanca.

Thunfischmuseum La Chanca
Poligono Industrial El Olivar, 11160 Barbate, museodelatun.com
GPS: 36.203222, -5.927557

Im spannenden Museum erfahren wir, dass die ansässigen Fischer noch jedes Jahr ein System von Netzen vor der Küste errichten, und zwar genau in der Wanderroute der Thune. Die kommen leicht hinein, aber nicht mehr heraus. Jedes Mal, wenn genug Fische versammelt sind, wird der Fang in der Hauptkammer zusammengezogen und die Fischer heben die schweren Tiere per Hand

| **Die alten Boote der Almadraba**

oder mit Hebemasten in die Boote. Abnehmer der edlen Ware sind japanische Händler auf der Jagd nach Sushi-Rohstoff, aber auch Restaurants und Tapasbars in der Gegend.

Im Mai macht Barbate mit dem Gourmet-Festival Ruta del Atún Werbung für den edlen Fisch. Das Fest haben wir verpasst, doch im berühmten Restaurant El Campero lernen wir den Geschmack der diversen Partien des Thunfischfleisches kennen – Morrillo, Ventresca, Tarantelo oder Churrasco – und bekommen eine Ahnung davon, wie verschieden köstlich Thunfisch schmecken kann. Anleitung zur Auswahl bietet die tolle Speisekarte und es tauchen delikate Zutaten auf: roter Granatapfel, schwarzer Sesam, zarte Ingwerscheiben, Zwiebelmarmelade … Wir Thunfisch-Neulinge testen diverse Kombinationen, als Tapas gereichte Happen – und sind begeistert.

Restaurant El Campero
Avenida Constitución 5 C, 11160 Barbate, Tel. +34 956 432300,
restauranteelcampero.es
GPS: 36.188413, -5.924733

Stehen im Hafen von Barbate: Área de Autocaravanas, Avenida del Mar s/n,
GPS: 36.183785, -5.936177
Guter, bewachter Platz für die Nacht, Duschen im Hafengebäude.

Etwas weiter westlich am Kap Trafalgar: beim Restaurant Las Dunas,
GPS: 36.188500, -6.027111
Wer im Restaurant einen Tisch reserviert, darf für fünf Euro auf dem Parkplatz übernachten.

In der Region Cinque Terre

Glücksmomente

Beim Agriturismo Le Grigue schauen wir vom Esstisch unseres Campers auf das leuchtende Meer.

TOURENLÄNGE
Rund 100 Kilometer

START UND ZIEL
Von Camogli nach Portovenere

Gorreto
S. Stefano d'Aveto
Lago di Brugneto
Fontanigorda
Montebruno
Rezzoaglio
Bedonia
Borgo Val di Taro
Lago di Giacopiane
Neirone
Favale di Malvaro
Albareto
Genova Est
Borzonasca
Avegno
Mezzanego
Varese Ligure
Leivi
Zeri
Rapallo
Camogli
S. Margherita Ligure
Chiavari
Lavagna
Golf von Tigúlio
Portofino
Casarza Ligure
Sesta Godano
Zignago
Sestri Levante
P. Baffe
Moneglia
Brugnato
Area Sosta Camper il Poggio
Borghetto di Vara
Deiva Marina
Agriturismo Le Grigue
Bonassola
Levanto
Pignone
Monterosso al Mare
P. d. Mesco
Vernazza
Corniglia
Manarola
Riomaggiore
La Spezia
Golfo von La Spezia
Sella Derbi
Muzzerone
Portovenere
I. Palmaria
I. del Tino
L i g u r i s c h e s
M e e r
N
0
5 km

ZU DEN FARBENFROHEN KÜSTENDÖRFERN

Schmale Wege über dem Meer

Südlich von Genua locken die Cinque Terre: der berühmte Küstenstreifen an der Levanteküste mit seinen fünf Dörfern Monterosso, Vernazza, Corniglia, Manarola und Riomaggiore. Ein traumhaft angelegter Saumpfad verbindet die kleinen idyllischen Orte am Steilufer mit ihren schmalen Gässchen. So kann man dieses Kulturland ohne Autolärm erleben.

WANDERN BEI CAMOGLI

Bevor wir uns zum Nationalpark Cinque Terre aufmachen, besuchen wir ein besonderes Kleinod der ligurischen Küste: das alte Fischerdorf Camogli. Unser Bus steht sicher auf dem neun Kilometer entfernten Campingplatz im hübschen Bogliasco.

Camping Genova Est
Via Guglielmo Marconi, 16031
Bogliasco, Tel. +39 010 3472053,
camping-genova-est.it
GPS: 44.380751, 9.072116

Oben: Vor der Bar am Wanderweg
Unten: Camoglis Wasserfront am Abend

Am Morgen bringt uns die Bahn ans Ziel. Wir setzen uns an den Kai im wunderbaren kleinen Hafen, um Kaffee zu trinken und den Fischern bei ihrem Treiben zuzuschauen. Die Architektur dieses Ortes ist schon etwas Besonderes: Die Fassaden der alten, sehr hohen und sehr schmalen Häuser stehen dicht aneinandergedrängt über dem Wasser. Wir sind ganz angetan von dieser Kulisse und können uns schwer losreißen.

Doch dann sind wir unterwegs, auf unserer Tour durch den herrlichen Küsten-Nationalpark. Diese sieben Kilometer entlang der Riviera di Levante zu wandern, ist ein Genuss. Nach zwei Stunden erreichen wir den winzigen Hafen des Klosters San Fruttuoso. Um den Rückweg zu beschleunigen, steigen wir in eins der kleinen Linienboote, das uns zurück nach Camogli bringt. Jetzt, im Abendlicht, ist das eine magische

Fahrt. In der sinkenden Sonne wird die architektonisch auffällige Häuserreihe bizarr beleuchtet und tausend Fenster blinken im goldenen Licht. Bevor wir wieder in den Zug steigen, tun wir es den Anwohnern gleich und setzen uns in den Kies am hübschen Stadtstrand, um zum Sunset einen Aperol zu trinken.

Ristorante Izoa
Via Giuseppe Garibaldi 99, 16032 Camogli, Tel. +39 018 5697768
GPS: 44.348661, 9.154652

EINE NACHT UNTER OLIVEN

Unsere nächste Etappe ist Moneglia. Oberhalb des Städtchens klammert sich der hübsche Agriturismo Le Grigue an die steilen Olivenhänge. Mit unserem schmalen Campervan schaffen wir die engen Kurven zu den wenigen Terrassenstellplätzen lässig. Hier parken wir auf genialem Terrain, in prächtiger Natur und mit schöner Aussicht. Am Abend laufen wir zwischen alten Bäumen auf einem hübschen Fußweg zum kleinen Dorfstrand hinab, gehen dort schwimmen und beobachten ausgiebig den Sonnenuntergang. In der Dämmerung geht es wieder hinauf zum Stellplatz. Zufrieden über diesen vergnüglichen kleinen Ausflug trinken wir noch ein Glas Wein und betrachten das glänzende Ligurische Meer zu unseren Füßen.

Agriturismo Le Grigue
Località Dollera 11, 16030 Moneglia, Tel. +39 347 6087976, legrigue.it
GPS: 44.240766, 9.503670

STARTPUNKT MONTEROSSO

Nun sind wir bereit, das Idealbild der bestens gepflegten Kulturlandschaft Italiens auf uns wirken zu lassen. Zu Fuß und ohne Hast. Wieder steht unser Campervan auf sicherem Boden, diesmal auf dem Sosta Camper Il Poggio oberhalb von Monterosso. Von hier starten wir unsere Wanderung entlang des berühmten Saumpfades, der durch steile Bergflanken und über schöne Terrassen führt.

Area Sosta Camper Il Poggio
SP38 112, 19016 Monterosso al Mare, Tel. +39 366 4246163, parkcamperilpoggio5terre.it
GPS: 44.155046, 9.659298
Auch für größere Wohnmobile geeignet.

Unser Ziel ist das zwölf Kilometer entfernte Riomaggiore. Toll, auf die glänzend smaragdblauen Buchten herabblicken zu

Oben links: In Camoglis Hafen
Oben rechts: Pflanzengarten überm Meer
Unten: Bei Moneglia stehen wir auf dem Agriturismo Le Grigue.

EOLO

können – und am Ende geruhsam zu baden. Hier am Wochenende oder in der Hochsaison zu laufen, ist wegen der vielen Touristen nicht angesagt, außerhalb der Saison allerdings ist das ein Erlebnis. Wir genießen das Gefühl, das Meer und das Land mit den uralten, himmelhohen Agaven und den wilden Blumenhecken ganz für uns allein zu haben. Als die Sonne schräg im Westen steht, erstrahlen die bunten Mauern der Dörfer wie Gemälde über dem Wasser.

AUF DEN MONTE MUZZERONE

Nach all den schönen Eindrücken wollen wir zur Abwechslung unsere Kraft am Fels erproben und das Adrenalin in den Adern spüren. Wir fahren wenige Kilometer weiter nach Süden, Richtung Portovenere. Hoch über diesem Stützpunkt der Jachtbesitzer liegt der Monte Muzzerone. Es gibt ein bildhübsch gelegenes, sehr einfaches Rifugio, wo man prima essen und Kontakte zu sportlichen Locals knüpfen kann. Gleich nebenan beginnt das Kletterparadies: Ganze 290 Routen führen durch den grauen Fels, direkt über dem Wasser (thecrag.com/de/klettern/italy/area/450998862).

Rifugio Muzzerone
Via delle Cinque Terre, 19025 Portovenere, Tel. +39 340 8098720, rifugiomuzzerone.it
GPS: 44.055519, 9.830305

Oben: Blick vom Wanderweg auf Vernazza
Unten: Badeort Monterosso al Mare

Gut zu wissen

CINQUE TERRE MIT DEM WOHNMOBIL

Für Wohnmobilisten ist das Terrain eine Herausforderung, denn all das Schöne ist hier eng und supersteil positioniert. Manche Orte sind nur über schmale Stichstraßen oder Tunnels erreichbar. Wo soll man da stehen in der Nacht? Gut, dass es ein paar gute Campingplätze gibt, die bekannten Apps (z. B. park4night) helfen da weiter. Teilweise zwängen sich die Plätze jedoch auf steile Terrassen, das ist dann nur etwas für kleine Campervans. Die größeren Posten auf den Camps für ausladende Womos sind heiß begehrt, sodass ohne telefonische Voranmeldung bei schönem Wetter gar nichts geht. Wer einen Platz ergattert hat, kann all die kleinen zwischen Meer und Steilwand gezwängten Orte leicht per Bahn erreichen. Sportliche Höchstleistungen sind nicht erforderlich: Die niedlichen Bahnhöfe erleichtern es Wanderern, auf den gut gepflegten, herrlichen – im Sommer kostenpflichtigen – Wegen hoch über dem Wasser immer in einer Richtung unterwegs zu sein. Zurück geht's prima mit dem Zug.

Wer will, macht einen Abstecher zum Bergsattel Sella Derbi. Dort gibt es einen Picknickplatz für kleine Campervans.
GPS: 44.061472, 9.818472

Am Tor zum Mezzogiorno

Glücksmomente

Auf der Mole des Hafens von Vico Equense bestaunen wir den Vesuv über glitzerndem Wasser.

TOURENLÄNGE
Rund 80 Kilometer

START UND ZIEL
Von Pozzuoli bzw. Procida über Neapel nach Vico Equense

Villa Literno
Casal di Principe
Casaluce
San Marco
Arienzo
Monte Fellino 668
Cancello
Polvica
Pascarola
Gaudello
Aversa
Orta di Atella
Parete
Cicciano
Masseria Cavone
Sant' Antimo
Caivano
Acerra
Lago di Patria
Giugliano
Faibano
Nola
Villaricca
Afragola
Qualiano
Pomigliano
Saviano
Marano di Napoli
Casoria
Monte Ruscello 141
Volla
Somma Vesuviana
Camaldoli
Ponticelli
Ottaviano
Poggioreale
Astroni
NEAPEL
Lago d'Averno
Ristorante Casa Rossa Vesuvio
Vesuv
Standplatz Vesuv-Tour
Agriturismo i Fondi di Baia
Lago di Lucrino
Pozzuoli
Pietrarsa
Portici
Terzigno
Baia
Bacoli
Ercolano
Monte di Procida
Nisida
Marechiaro
Torre del Greco
Boscoreale
Passanti
Capo Bove
Capo Miseno
Leopardi
Procida
Pompeji
Stelle Marina Corricella
Torre Annunziata
Punta Solchiaro
Golf von Neapel
Castellammare di Stabia
Gragnano
Piazza
Camping Sant Antonio
Vico Equense
Sorrent
Positano
Massa Lubrense
Torca
Capo Sottile
Bocca piccola
Marina del Cantone
Capri
Il Capo
Anacapri
Capri
Punta Carena
Tyrrhenisches Meer
N
0
5 km

IM BANN DES VESUVS

Pizzaköche, Straßensänger und Fußballhelden

Wahrscheinlich ist Neapel italienischer als der Rest Italiens: Wo sonst dient den Menschen das historische Zentrum ihrer Stadt als angestammtes Wohnzimmer? Sie benutzen ganze Gassen als fliegende Verkaufsstände, uralte Häuserfronten zum Wäschetrocknen, die Plätze zwischen Palazzi und bombastischen Kirchen als Familientreffpunkt.

BESCHEIDENE SCHÖNHEIT PROCIDA

Wir nähern uns dem großen Neapel in kleinen Schritten. Zuerst steht ein Inselbesuch auf dem Programm: Kurz vor Neapel biegen wir bei Capua von der A1 ab, schlagen uns durchs Land auf der SP333 und biegen dann auf die SS7qtr Richtung Pozzuoli. Hier gäbe es noch eine Attraktion zu besichtigen: die berühmten Phlegräischen Felder, rauchende Schlünde eines flachen Supervulkans. Wir aber stellen den Bus auf den bewachten Parkplatz Degli Aranci, machen unsere Bikes startklar und gehen auf die Fähre zur nahen Insel Procida.

Auf der Insel Procida

**Central Parking Ramblas,
Parcheggio degli Aranci
Via Montenuovo Licola Patria 92/A,
80078 Pozzuoli,
parcheggiodegliarancipozzuoli.com
GPS: 40.840643, 14.093368
Von dort läuft man zehn Minuten zur Fähre nach Procida.**

Außerhalb der Badesaison ist Procida ein Ort ruhiger, bescheidener Ästhetik. Nicht so bekannt wie die berühmten Nachbarinseln Capri und Ischia und trotzdem einzigartig. Im Fährhafen gehen wir von Bord und radeln gemütlich auf die südliche Seite zur Marina Corricella. Der entzückende kleine Hafen mit seiner alten und sehr bunten Häuserfront hat den Ort zum Filmset des Streifens »Il Postino« gemacht. Der erzählt die Geschichte eines Postboten (Massimo Troisi), den es drängt, vom Dichter Pablo Neruda (Philippe Noiret) im Schreiben von

Liebesbriefen unterrichtet zu werden. Dazu trafen sie sich in einer Locanda, die heute natürlich Il Postino heißt. Wir bewundern das sehenswerte Lokal, setzen uns auf die Terrasse am Hafen und schwelgen in Erinnerungen an italienische Filme.

La Locanda del Postino
Via Marina di Corricella 43,
80079 Procida
GPS: 40.761590, 14.028985

Agriturismo I Fondi di Baia
Via Fondi di Baia 3, 80070 Bacoli,
Tel. +39 081 8545334
GPS: 40.8113, 14.0746
Guter Standplatz für die Nacht bei Pozzuoli, mit Wiese und vielen Tieren. 20 Minuten mit dem Bus nach Pozzuoli.

AM GOLF ENTLANG

Für uns ist Neapel eine interessante Attraktion auf der Reise entlang der Westküste Italiens: Von hier setzen wir später mit der Fähre nach Sizilien über. Doch zuvor wollen wir diese Stadt genauer erkunden. Sie gilt als Tor zum Mezzogiorno, dem vernachlässigten Süden Italiens. Zurück von der Insel Procida, umrunden wir von Pozzuoli aus den Golf von Neapel, fahren dicht am Ufer entlang durchs geschäftige Hafenviertel Neapels, unter den Ausläufern des Vesuvs hindurch und bis zum südlich gelegenen Städtchen Vico Equense. Dort, auf dem netten Campingplatz Sant'Antonio, schlagen wir unser Lager auf. Der Bus steht unter Oliven-, Orangen- und Zitronenbäumen, gleich hinter dem Dorfhafen liegt ein Sandstrand und am Abend locken kleine Restaurants mit hölzernen Balkonen über dem Wasser. Dieser schöne Hafenort ist der perfekte Startpunkt für eine ausgiebige Stadtbesichtigung. Die fußläufig erreichbaren Züge der Circumvesuviana bringen uns hin und spät in der Nacht wieder zurück.

Camping Sant'Antonio
Via Arcoleo 21, 80069 Vico Equense,
Tel. +39 081 8028570,
campingsantantonio.it/de
GPS: 40.659674, 14.418231

BÜHNE DES LEBENS: NEAPEL

Startpunkt unseres Neapel-Abenteuers ist der Hauptbahnhof Stazione Centrale an der Piazza Garibaldi. Dort herrscht stets aufgeregtes Gewimmel, Händler, Taxifahrer und selbst ernannte Guides buhlen um unsere Aufmerksamkeit. Wir aber laufen vorbei, über die Piazza Enrico de Nicola, um das schwarze Gerichtsgebäude herum, das sich Castel Capuano nennt, und zielstrebig in die Via Tribunali, die wichtigste Tangente des Centro Storico. Sofort wird uns klar: Was der

Oben: Vico Equense blickt auf den Vesuv.
Unten: Basaltküste der Vorstadt Torre el Greco

PROGETTO SOCIOLAVORATIVO

Schriftsteller Walter Benjamin 1928 hier erlebte, gilt wohl immer noch. Er spürte »das lebendige Spiel der Kraft der Geschichte, in einer Stadt voller Leben und Aberglaube«. Tatsächlich: Wir sind beeindruckt von den pompösen, tiefschwarzen, verwitterten Kirchen und Barockfassaden. Überall leuchten kerzengeschmückte Hausaltare, eingelassen in die Fronten der zernarbten Wände. Das Basaltpflaster am Boden ist glatt getreten, glänzt speckig und schillert in allen Tönen.

Vom Balkon schmettert ein Vertreter der »Neomelodici« sein Lied. Diese »neuen melodischen Sänger« gelten als Helden der Nachbarschaft und werden auf vielen Plakaten verehrt. Mit ihren schmalzigen Stücken vom ewigen Liebesleid, die hier jeder zu kennen scheint, unterhalten sie die Besucher von Hochzeiten und Familienfesten.

Gut für eine Stärkung gleich an der Via Tribunali: Trattoria C'era una volta, Vico San Nicola a Nilo 18, Tel. +39 08117865608 GPS: 40.850591, 14.256057

Oben links: Die Gassen des Viertels Sanita
Oben rechts: Die Ape hat Vorfahrt.
Unten: Wilde Märkte in Neapels Gassen

Alle hundert Meter öffnet sich die Tribunali zu einem neuen Platz. Manche wirken wie vollgestopfte Wohnzimmer älterer Damen, die sich von nichts trennen können: Auf schiefen Bürgersteigen bieten hier Antiquitäten- und Devotionalienhändler ihre wunderlichen Stücke an. Weiter oben reihen sich entlang der Tribunali kleine Restaurants und Trattorien, eingekeilt zwischen den wuchtigen Eingängen der schwarzen Palazzi.

Wir haben Hunger und stoppen vor der Pizzeria dal Presidente in der Via dei Tribunali 120. Wenn die Zahl der Wartenden etwas aussagt, ist es ein sehr beliebtes Lokal. Bill Clinton war hier, das zeigen die ausgehängten vergilbten Fotos, und ein Stück Pizza auf die Hand beweist: Der Ex-US-Chef hatte recht, sich zum Pizzaessen auf den weiten Weg hierher zu machen. Besser noch, so erzählt uns ein ortskundiger Neapolitaner, schmeckt die Pizza aber bei Michele.

L'Antica Pizzeria da Michele Via Cesare Sersale 1/7, Tel. +39 0815539204, damichele.net GPS: 40.849820, 14.263360 Hier gibt's angeblich die beste Pizza der Stadt – im Web reservieren oder vor dem Lokal eine Wartenummer ziehen.

Weiter die Gasse hinauf studieren wir den allgegenwärtigen Wandschmuck: Madonnenstatuen, ungezählte Jesusbildchen und, ganz entscheidend, Ikonen der wichtigsten Freunde Neapels – Padre Pio und überhaupt nicht wegzudenken: Diego Maradona. Er war es nämlich, der den Fans den Glauben an den SSC Neapel und ihre Stadt zurückbrachte.

Wir biegen nach rechts zur Piazza Bellini, einem Ort zum Rasten, Schauen und Zeitvertrödeln ganz ohne Krach und knatternde Vespas. Rundherum wachsen Barockfassaden in den Himmel, dazwischen stehen griechische Ruinen, der Palazzo Spinelli und hohe, alte Bäume. Wir setzen uns vor das Literaturcafé Intra Moenia und schauen dem jungen Publikum zu, das sich hier vom Studium an der nahen Accademia di Belle Arti erholt.

Caffè Letterario Intra Moenia
Piazza Bellini 70, Tel. +39 081 451652,
intramoenia.it/caffe-letterario
GPS: 40.850046, 14.252270

GEHEIMES AUS POMPEJI

Von der Piazza Bellini geht es weiter zum kulturellen Höhepunkt der Stadt, dem Archäologischen Nationalmuseum. Es zeigt viele bei Ausgrabungen in Pompeji geborgene Fundstücke, zum Beispiel tolle Mosaike. Das berühmteste stammt aus dem Haus des Fauns. In weiten Hallen und Fluren stehen unzählige Bronze- und Marmorstatuen und von den Wänden leuchten herrliche Fresken und Gemälde. Ein ganzes Stockwerk ist den zahlreichen, nicht jugendfreien Darstellungen aus Pompeji gewidmet. Zu viel gibt es zu bestaunen, um alles in einem Durchgang in sich aufzunehmen. Also machen wir Schluss und ruhen uns unter den Plastiken des Herkules und des Farnesischen Stieres im großartigen Eingangsbereich aus.

Museo Archeologico
Nazionale di Napoli
Piazza Museo 19,
Tel. +39 081 4422149, mann-napoli.it
GPS: 40.853302, 14.249528

IM FERRANTES-VIERTEL

Ein Streifzug durch das berüchtigte Viertel Sanità im Stadtteil Stella muss in unseren Augen sein. Italiens berühmte Autorin Elena Ferrante hat es zum Plot ihrer Romanreihe *Meine geniale Freundin* (Suhrkamp, 2018) gemacht. Fliegende Händler trifft man an allen Ecken, der Stadtteil sprüht nur so vor Leben. Auch hier gilt den Bewohnern das Draußen als Drinnen: Überall hängt Wäsche quer über die engen Gassen und ältere Damen bieten auf Campingtischchen drapierte Spaghetti an. Dass es in den Straßenbars den besten und billigsten Espresso gibt, können wir bestätigen. Einen Kaffee und dazu Sfogliatelle, das typische Gebäck aus Neapel – was braucht man mehr?

Bar Sciò
Vico Buongiorno 1,
Tel. +39 329 8282128
GPS: 40.856013, 14.255755

ZU FUSS AUF DEN VESUV

Der nächste Tag ist reserviert für einen weiteren Höhepunkt der Tour: Heute geht es zu Fuß auf Neapels schauriges Wahrzeichen, den Vesuv. Für den Abend reservieren wir im Restaurant Kona und stellen den Bus auf dem hauseigenen Parkplatz ab. Dann wandern wir in aller Frühe durch die herrlichen Oliventerrassen, Gemüsefelder und Obstbaumkulturen, immer Richtung Krater. Nur ein Tickethäuschen hält uns noch auf, dann sind wir oben.

Harmlos sieht er aus, der fast rauchlos schlummernde Riese. Doch er hat es in sich: Irgendwann in nächster Zeit wird er die Stadt mit seinem Getöse schocken, sagen die Wissenschaftler derzeit voraus. Jetzt raubt uns der Ausblick auf Krater, Meer und Stadt den Atem – aber nur ein bisschen. Umso schöner ist der Blick am Abend, von der Terrasse des Restaurants Kona auf Neapel und den Golf. Bei Penne, Pizza und Moretti-Bier lassen wir die Tour auf den gefährlichen Riesen ausklingen.

Infos zur Vesuv-Wanderung findet ihr hier: komoot.de/highlight/3351075

Standplatz für die Vesuv-Tour – bitte Essen vorbestellen und nach einem Parkplatz für die Nacht fragen: Restaurant Kona, Via Contrada Osservatorio 14, 80056 Ercolano,
Tel.+39 347 5879381,
ristorantekona.business.site
GPS: 40.823777, 14.391302
Alternative nebenan: Agriturismo Sebethos (mit Campingwiese),
Via Contrada Osservatorio 22,
Tel. +39 376 1062921
GPS: 40.829194, 14.397423

ARCHÄOLOGISCHER PARK POMPEJI

Nach unserem furchtlosen Blick in den Schlund des Vesuvs wollen wir tags darauf Pompeji besuchen und sehen, was der Vulkan einst angerichtet und mit seiner Asche an antikem Leben konserviert hat. Auf dem Programm steht also wieder Kultur, zumal wir gelesen haben, dass dort inzwischen noch mehr sehenswerte Wandmalereien und Mosaike freigelegt wurden. Auch das ist ein Kulturgenuss, für den wir uns letztlich viel zu wenig Zeit nehmen, denn das Areal ist weitläufig und alles Sehenswerte an einem Tag schwer zu schaffen.

Wer nicht mit dem Zug (Circumvesuviana Neapel–Sorrent) anreist, findet am Camping Zeus in der Via Villa dei Misteri 3 einen großen Parkplatz. In derselben Straße befindet sich der Haupteingang Porta Marina (40.74824, 14.48183), dort gibt's umfangreiches Informationsmaterial.

Unterwegs an Italiens Stiefelspitze

Glücksmomente

An der wilden Baia Santa Margherita bei Castelluzzo beeindruckt uns das ruhige, glänzende Meer.

TOURENLÄNGE
Rund 800 Kilometer

START UND ZIEL
Von Palermo rund um die Insel

Tyrrhenisches
Meer
Liparische Inseln
Stromboli
Ustica
Filicudi
Salina
Alicudi
Lipari
Vulcano
Capo di Milazzo
Camping degli Ulivi Sferracavallo
andplatz lo Acqua zurra
Campeggio Villaggio El-Bahira
Golf von Termini Imerese
C. Calavà
Messina
Standplatz Le Terre di Castel Leone
Straße von Messina
Capo S. Vito
Sferrra-cavallo
Monte Pellegrino
PALERMO
S. Vito lo Capo
Scopello
Castelluzzo
Monte Cogano
Termini Imerese
Santo Stefano di Camastra
Bolognetta
Madonie
Monte Carbonara
1979
andplätze nta Margherita
Alcantara
Bronte
Ätna
3357
Corleone
Polizzi Generosa
Standplatz Agriturismo Antico Feudo San Giorgio
Campeggio Etna
Marsala
Gibellina Nuova
Prizzi
Nicolosi
Campeggio Jonio
Cap Granitola
Selinunt
Sciacca
Caltanissetta
Enna
Catania
Golf von Catania
Camping Eraclea Minoa Village
Eraclea Minoa
Morgantina
Agrigent
Lentini
Scala dei Turchi
Porto Empedocle
Ravanusa
Augusta
Caltagirone
Golf von Augusta
Standplatz am Zingarello-Strand
Licata
Palazzolo Acréide
Syrakus
Gela
Ragusa
Sizilien
Noto
Marina di Ragusa
Ispica
Pachino
Golf von Noto
Straße von Sizilien
MALTA
N
0
30 km

EUROPAS SÜDBALKON SIZILIEN

Schwarze Lava, weißer Sand und grüne Pistazien

Sizilien hat viel zu bieten: mediterrane Berglandschaft ebenso wie afrikanisch anmutende Fels- und Sandformationen am tiefblauen Meer. Besonders im Frühjahr und Spätsommer lässt eine kräftige Sonne die Farben des Landes zauberhaft erstrahlen. Hier finden wir viele tolle freie Standplätze am Wasser – inmitten wilder Natur.

EIN ELDORADO FÜR CAMPER

Sizilien ist riesig, es hat 25 426 Quadratkilometer Fläche, der Südzipfel liegt noch unterhalb des Breitengrades von Tunis und Algier. Mit dem 3350 Meter hohen Vulkan Ätna und den 1152 Kilometern teils wilder, zerklüfteter Küste bietet die Insel eine Mischung, die es in sich hat. Hier gibt es immer noch viele Kilometer wenig besiedelter Meeresufer – verlockend für Camper, die ein bisschen Abenteuer suchen. Fast nirgendwo in Italien haben wir so viele freie Standplätze am Meer und in den Bergen gefunden.

Oben: Im Sommer wuchert wilder Hafer überall.
Unten: Spätsommerliches Farbspiel auf dem Lande

Die meisten Einwohner treten Campern gegenüber freundlich, hilfsbereit und oft neugierig auf. Wir kommen immer wieder mit älteren Männern ins Gespräch, die jahrelang in Deutschland gearbeitet haben und jetzt ihren Lebensabend unter südlicher Sonne verbringen. Viele geben uns interessante Tipps zu Standplätzen, sehenswerten Orten am Meer und im Gebirge. Klar, um von der heimischen Garage nach Sizilien zu kommen, müssen Campervan-Traveller ihr Zeitbudget geschickt einteilen. Gut, dass es die vielen günstigen Fährverbindungen gibt!

ANKUNFT IN SFERRACAVALLO

Unsere Fähre erreicht Palermo am frühen Abend. Zu spät, um jetzt noch lange einen guten Standplatz zu suchen. Wir haben vorgesorgt und fahren gleich ins nahe Sferracavallo zum Camping degli Ulivi, wo ein reservierter Stellplatz auf uns wartet. Dann erkunden wir das sizilianische

Vorstadtleben, ist doch der kleine Hafen des Ortes ein ganz typischer Platz, um das soziale Treiben zu beobachten: Jetzt, Ende April, wollen alle Familien draußen sein. Sie sehnen sich, wie wir, nach Wärme und frischer Luft und versammeln sich auf schönen Plätzen ganz nah am Meer. Nach außen verlegte Küchen bieten günstigen Fisch und Meeresfrüchte an.

Camping degli Ulivi
Via Pegaso 25, 90148 Sferracavallo,
Tel. +39 091 533021,
campingdegliulivi.com
GPS: 38.198271, 13.280696

In Sferracavallo können wir gleich probieren, was die Fischer hier aus dem Wasser holen. Kein Platz ist dafür besser geeignet als die Trattoria Il Delfino. Der Koch bringt zahllose Gänge Meeresgetier auf den Tisch und wir finden es wunderbar, so viele echt sizilianische Zubereitungsvarianten wie Involtini di Pesce Spada (Schwertfischröllchen) oder Pasta con le Sarde (Nudeln mit Sardinen) kennenzulernen. Um die Völlerei abzurunden, folgen wir dem Beispiel der ansässigen Familien und wechseln am Ende der Mahlzeit ins Nachbarhaus an die riesige Theke der Bar del Golfo. Von der Auswahl an knallbunten, bizarr verzierten Süßspeisen überfordert, probieren wir Pistazieneis und eins von den viel gepriesenen Cannoli. Zusammen mit hervorragendem Caffè ist das ein würdiger Abschluss des Abends.

Trattoria Il Delfino
Via Torretta 80, Sferracavallo,
Tel. +39 091 530282,
trattoriaildelfino.com
GPS: 38.197927, 13.274297

IM ZINGARO-NATIONALPARK

Am nächsten Tag fahren wir Richtung Westen zum Zingaro-Nationalpark. Das große Gelände grenzt ans Meer und ist sicher ein Highlight für alle, die gut zu Fuß sind: Hier erlebt man das herrliche Zusammenspiel von steilen, im Frühjahr blumengeschmückten Berghängen, stillen Badebuchten und duftender Macchia. Wir parken den Bus vor dem Eingang des Parks im Dörfchen Scopello und kaufen Tickets. Von diesem Fleckchen sizilianischer Natur mit den vielen schmalen Pfaden, die über grüne Hügel und zu bezaubernden Badeplätzen führen, sind wir ganz angetan.

Perfekter Badeplatz am historischen Gemäuer vor dramatischer Felsenkulisse: Tonnara di Scopello, Largo Tonnara, Scopello, Tel. +39 0924 1870000
GPS: 38.070445, 12.820205
Nicht-Gäste zahlen zehn Euro Eintritt.

Oben: Am Capo Gallo
Unten: Palermos Vorstadthafen Sferracavallo

LOLA

AN DER CALA SANTA MARGHERITA

Tags darauf geht es auf der SS187 durch die Berge des Zingaro und dann nach Norden auf der SP16 Richtung San Vito Lo Capo. Bald öffnet sich eine riesige, weite Bucht mit flachem Ufer. Der Blick schweift über ein von Blumen übersätes, brach liegendes Wiesengelände. Das ist der richtige Einstieg, um eine Zusammenschau von allem zu erleben, was Sizilien zu bieten hat: Im Norden sehen wir die Ausläufer des schroffen Küstengebirges, im Westen strebt der markante Monte Cofano in den Himmel. Eine linsenförmige Wolke umgibt seinen Gipfel. Weiter draußen schweben flache Inseln über dem Wasser. Unglaublich, wie sehr uns dieser Platz gefangen nimmt: um uns herum nur der Wind, die Wolken, das flirrende Licht und das Rauschen des Meeres!

Diese Atmosphäre wollen wir auch am Abend und am frühen Morgen auskosten. Direkt am Wasser, vor einem hübschen Sandstrand, finden wir einen schönen Platz für die Nacht. Sicher, im Hochsommer ist das nichts, kein Baum spendet hier Schatten. Aber jetzt im Frühling sind die wenigen Camper auf die Sonne ganz versessen. Castelluzzo und das nahe San Vito Lo Capo sind geeignete Orte, um länger zu verweilen und alles auszunutzen, was hier an Sportmöglichkeit geboten ist: Neben schwimmen kann man auch prima mountainbiken, wandern, klettern oder windsurfen.

Oben links: Die alte Tonnara di Scopello
Oben rechts: Baden im Nationalpark Zingaro
Unten: Standplatz unterm Monte Cofano

**Sehr schöner Campingplatz am Steilufer: Campeggio Villaggio El-Bahira, C/da Salinella, 91010 San Vito Lo Capo, Tel. +39 0923 972577, elbahira.it
GPS: 38.150537, 12.731877**

**Freie Standplätze an der Baia Santa Margherita: Spiaggia di Seno dell'Arena (Calazza)
GPS: 38.115773, 12.719561**

SUNSET AUF DEM MONTE COFANO

Was liegt näher, als an einem solchen Traumplatz einen ganzen Tag zu verbummeln? Wir sammeln Muscheln, wandern durch die Wiesen und springen ins kühle Wasser. Erst spät am Nachmittag brechen wir auf, um den Monte Cofano zu besteigen. Es ist eine herrliche Tour im Abendlicht, gekrönt von einem Schluck Rotwein, getrunken auf dem Gipfel. Wir sind genau zum richtigen Zeitpunkt da und erleben das Farbspektakel der sinkenden Sonne. Danach geht es im Schein der Stirnlampen bergab. Zufrieden verbringen wir eine weitere Nacht an dieser wilden Bucht und wenden uns am nächsten Morgen zeitig Richtung Süden.

**Startpunkt der Cofano-Wanderung und Standplatz: Lido Acqua Azzurra
GPS: 38.106630, 12.705387**

RUINEN IN SELINUNT

Nicht nur Natur, sondern auch die sagenumwobenen archäologischen Stätten Siziliens wollen wir erkunden. Nach etwa 100 Kilometern auf der A29 und E90 erreichen wir die Südwestseite der Insel und besuchen das hübsch gelegene Selinunt mit seinen Resten von Tempeln, Theatern, Stadthäusern und Plätzen. Eingebettet in einem Meer aus wehendem Gras und blühenden Büschen liegt der Park still und friedlich ausgebreitet über der tiefblauen See. Wir kommen zur richtigen Zeit am späten Nachmittag und entgehen so den vielen Besuchern. Unsere Abendwanderung führt durch die Hügel bis an den Strand und bringt uns auf tiefschürfende Gedanken: Wie wohl die Menschen an dieser Stätte uralter Zivilisation einst gelebt haben?

Archäologischer Park von Selinunt
Marinella di Selinunte,
Tel. +39 0924 1911583
GPS: 37.584260, 12.836850

STRANDLEBEN IN ERACLEA MINOA

Auf der Küstenstraße SS115 rollen wir etwa 70 Kilometer weiter nach Osten und erreichen Eraclea Minoa. Vom Hochufer aus erblicken wir einen breiten Streifen aus weißem Sand, der sich zwischen kristallklares Wasser und steil aufgetürmte Kreidefelsen schiebt. Die steinerne Barriere setzt sich klar vom Horizont ab und wird am Morgen spektakulär beleuchtet. Es ist ein Paradies für Wanderer, die, wie wir, zu Fuß die Kette der reizvollen Buchten erwandern wollen.

Am Traumstrand Eraclea Minoa

Fast unbebaut erscheint die Landschaft zur Wasserseite hin: Am Campingplatz Minoa Village verstecken sich nur ein paar flache Häuschen unter Pinien und Eukalyptusbäumen.

Im Minoa Village finden wir den perfekten Platz für unseren Camper: direkt am Strand und angenehm beschattet. Wir hätten freie Standplätze an dieser herrlichen Küste nutzen können – etwas weiter im Süden finden sich gute Spots. Heute aber wollen wir es bequem haben, um zu duschen, zu waschen, zu kochen und das Badeleben zu genießen.

STRAHLENDE SCALA DEI TURCHI

Ein paar Tage später, nach schönen Wanderungen und vergnügtem Strandleben, zieht es uns zur nahen, spektakulären Scala dei Turchi: Das ist eine berühmte, strahlend weiße Felsentreppe zwischen dem Capo Rossello und Porto Empedocle. Den doch recht zahlreichen Touristen, die vom südlich gelegenen Infopoint auf die Gipstreppen klettern, wollen wir aus dem Weg gehen. Deshalb parken wir den Bus weiter nördlich am Lido Rossello und wandern von dort aus über den menschenleeren Strand zu den schneeweißen Klippen.

HISTORISCHES AGRIGENT

Touristischer Magnet der Südküste ist sicher Agrigent. Der Ort firmiert als Highlight der antiken Kultur Siziliens und im archäologisch erschlossenen Tal mit dem gut erhaltenen, weithin sichtbaren Concordia-Tempel kann man sich stundenlang verlieren. Dass der

Camping Eraclea Minoa Village
Viale Eracle 2, 92011 Eraclea Minoa,
Tel. +39 0922 846023,
eracleaminoavillage.it
GPS: 37.393335, 13.286751

Startpunkt der Wanderung zur Scala dei Turchi: Capo Rossello
GPS: 37.295157, 13.458313
Prüft vorher im Web, welche Teile der Steilküste für Wanderer geöffnet sind, mittlerweile gibt es Zugangsbeschränkungen.

Platz in den Hügeln der Großstadt liegt, muss der Sache keinen Abbruch tun: Frühmorgens und am späten Nachmittag lassen sich die schweigenden Zeugnisse uralter Baukunst in entspannter Atmosphäre besichtigen.

Wir beschränken uns auf einen Kurzbesuch und rollen dann weiter, um südlicher gelegene Strände zu erkunden. Die sind nämlich so wild wie einsam. Am besten gefällt uns der Lido Zingarello bei Cipolluzze, ein toller freier Stand in spektakulärer Felsenkulisse. Nicht weit davon gibt es schöne Küstenwanderungen zum Naturschutzgebiet Punta Bianca.

CATANIA: STADT AUS LAVASTEIN

Wir wollen jetzt zur östlichen Seite Siziliens hinüberwechseln und einen gänzlich anders anmutenden Teil der Insel in Augenschein nehmen: die Region unter dem alles beherrschenden Ätna. Dazu nehmen wir die

Freier Standplatz am Zingarello-Strand:
GPS: 37.222459, 13.646977

SS640 über Caltanissetta Richtung Enna und biegen dort auf die A19 nach Catania ab.

Es ist kein Problem, die große alte Hafenstadt unter dem mächtigen Vulkan mit dem Campervan zu besuchen: Wir steuern Camping Jonio an, der im östlichen Stadtteil Ognina liegt. Von hier kommt man sehr gut mit dem Bus ins Zentrum. Die Linie wird bis spät in die Nacht bedient. Wir steuern Camping Jonio an, der im sehr lebhaften und sehenswerten Stadtteil Ognina an der Lavaküste liegt.

Camping Jonio
Via Villini a Mare 2, 95126 Catania,
Tel. +39 095 491139,
campingjonio.com
GPS: 37.532836, 15.120063

Am nächsten Morgen bringt uns der Bus ins Zentrum von Catania. Barock vom Feinsten beherrscht das Bild: aus schwarzer Lava die Mauern, aus weißem Comiso-Stein die Einfassungen von Fenstern und Türen. Ein Highlight ist der Fischmarkt (37.501885, 15.086934), er wirkt fast archaisch und wir sind ganz angetan von diesem Bild: Am frühen Morgen scharen sich Massen von Menschen um die Marktstände von Sant'Agata. Die Händler schreien, singen, klagen und beschwören den Preis ihrer Ware, als wäre der Platz ein Theater.

Gleich nebenan in der Trattoria La Paglia, an der kleinen Via Pardo gelegen, wandert ein Teil der Fische in den Kochtopf oder auf den Grill. Wir ruhen hier zu Mittag aus und löffeln hervorragende Fischsuppe – so lässt sich die sinnliche Verbindung Siziliens mit dem Meer auch kulinarisch erleben.

Guter Platz am Fischmarkt für eine Stärkung am Mittag: Trattoria La Paglia, Via Pardo 23, Tel. +39 095 346838 GPS: 37.50152, 15.08670

Ein toller Ort, um Catania am Abend zu feiern: Bar Nievski, Via Alessi 15, Tel. +39 095 313792 GPS: 37.503822, 15.085143 Hier treffen sich Studenten und Freunde Südamerikas, oft spielen Livebands auf der Treppengasse.

ABENTEUER ÄTNA-TOUR

Nach erholsamer Nacht verlassen wir Catania und fahren steil bergauf nach Norden. Die Straße windet sich hoch über die Dächer der Stadt, bis der gewaltige Ätna am Himmel erscheint: Hier, im kleinen Dorf Nicolosi, wo glänzender Basalt das vorherrschende Baumaterial ist, machen wir auf dem Campingplatz Station.

Campeggio Etna
Via Goethe 105, 95030 Nicolosi, Tel. +39 095 0922979, campingetnanicolosi.it
GPS: 37.623254, 15.008995

Am nächsten Morgen rollen wir noch höher hinauf, quer durch mächtige Zungen von Lava, die der Vulkan immer wieder bis hier herunterschickt. Früh um acht erreichen wir das Rifugio Sapienza, wo die Hütte der Ätna-Guides steht. Gestern haben wir angerufen und erfahren, dass gute Bedingungen für eine Vulkantour herrschen. Das muss sein: Der Berg darf nicht grollen, das Wetter muss stimmen, bei Wolken und Regen haben Ätna-Aspiranten keine Chance. Und Geld muss man haben, unter 150 Euro läuft hier nichts.

Eine halbe Stunde später sitzen wir in einem der Geländewagen und sind gut gerüstet für den Mongibello, wie man den tollen Berg hier nennt. Bald liegen die Wolken unter uns. Als die Motoren ausgehen und alle aussteigen, ist nur das Fauchen des Windes und das Knirschen der Sohlen auf schwarzer, grobkörniger Asche zu hören. Ab jetzt geht es zu Fuß, im Zickzack den Steilhang des Hauptkraters hinauf. Der Wind und die Anstrengung lassen unsere Gruppe schweigsam werden, nur Guide Nino und seine Kollegen ergreifen von Zeit zu Zeit das Wort.

Nach zwei anstrengenden Stunden sind wir oben, auf 3357 Meter Höhe. Und direkt voraus liegt sie, die riesige Bocca Nuova, der Höllenschlund. Aus dem klaffenden Maul des Hauptkraters gähnen uns gelbe Schwefelwolken entgegen. Es stinkt vernehmlich und die Vorsichtigen sammeln sich in respektvollem Abstand zum qualmenden Abgrund. Wer starke Nerven hat, kann die Aussicht genießen: Im Norden schwebt Bruder Stromboli über endlosem Meer. Lange hier oben verharren, will dennoch niemand, zumal immer wieder grollende Töne aus dem Krater zu hören sind. Wieder unten, von aller Beklemmung befreit, klopfen wir uns vergnügt die

Vulkanasche von den Hosen. Jetzt, wann sonst, steht für alle fest: Eine tolle Sache ist der Aufstieg – und ein Riesenglück, dass uns der gefährliche Berg ein harmloses Zeitfenster gewährte.

Kein Aufstieg, ohne sich gründlich mit dem Berg und den aktuell herrschenden Gefahren auseinanderzusetzen! Das Abenteuer Ätna ist kein Spaziergang. Gute Planung und perfekte Ausrüstung sind lebenswichtig.
Die Ätna-Guides Antonio und Werner (Tel. +39 328 197 7919) sprechen Deutsch, Englisch und Italienisch.
Infos: etnaway.com/de

VULKANSTADT BRONTE

Nach dem erfolgreichen Gipfelsieg steht eine Mountainbike-Tour durch die wunderschöne westliche Kraterlandschaft auf dem Programm. In Bronte, unserem Startpunkt, angekommen, laufen wir erst mal zur Pasticceria Gangi. Ein Pistazieneis zu essen, ist obligatorisch, immerhin kommen die weltbesten Pistazien von hier aus der Pistazienhauptstadt. Dann springen wir gestärkt in den Bus und rattern das lavagepflasterte Sträßchen unter dem Westhang des Ätna hinauf.

Direkt vor dem Rifugio Piano dei Grilli (37.745750, 14.871167) ist Schluss und hier wollen wir nach der Tour eine hoffentlich nicht allzu kalte Nacht verbringen. Gut, dass wir am Abend dann Feuer machen können – es hat in letzter Zeit geregnet. Wir genießen diesen tollen Platz mit seiner wundersamen Vegetation, den duftenden Kräutergeruch und den freien Blick auf den wuchtigen Vulkan. Ganz still betrachten wir das wilde Feuer, den gewaltigen Berg, darüber die ewige Rauchfahne am Himmel. Später leuchten die Sterne und der Mond lässt sein Licht über den Ätna gleiten. Besser, finden wir, geht's einfach nicht.

Hier gibt's Eis mit den berühmten Pistazien aus Bronte: Pasticceria Gangi, Via Giovanni da Verrazzano 20, 95034 Bronte
GPS: 37.788058, 14.830379

DURCH DIE ALCANTARA-SCHLUCHT

Von Bronte fahren weiter nach Norden, dann unter der Ostflanke des Berges hinab nach Linguaglossa, bis Castiglione di Sicilia auftaucht. Hier beginnt die Alcantara-Schlucht. Diesen tief ins vulkanische Gestein geschnittenen Canyon wollen wir vom Agriturismo Castel Leone aus erkunden.

Standplatz unterm Ätna: Piano dei Grilli bei Bronte

Le Terre di Castel Leone
SP7i, 95012 Castiglione di Sicilia,
Tel. +39 338 1131126
GPS: 37.886028, 15.116000

Am Tor empfängt uns Attila. Er versorgt hier die Pferde und reitet mit den Besuchern aus. Wir rollen auf die Wiese an der Tränke und besetzen unseren schönen Standplatz für die Nacht. Am nächsten Morgen geht es in die Schlucht. Der Fluss hat sich Hunderte Meter tief ins schwarze Lavagestein gefressen und ein Naturschauspiel geschaffen, von dessen Besuchern das halbe Dorf Fondaco Motta lebt. Wir baden tief unten im klaren Wasser, lassen uns treiben und erkunden die blanken, schwarzen Felsformationen dieser einzigartig schönen Schlucht.

WANDERN IN DER MADONIE

Um unsere letzte Naturetappe zu erreichen, nehmen wir die Autobahn Richtung Palermo bis zur Abfahrt Polizzi Generosa, dann geht es hoch hinauf in die grünen Hügel. Wir haben ein Abendessen im Agriturismo Feudo San Giorgio gebucht. Denn auf dieser alten, ursizilianischen Masseria gibt es viel Platz für unseren Campervan und wir können die Nacht in schönster Umgebung verbringen.

Oben: Antike Brücke bei Bronte
Unten: Pferdepflege im Agriturismo Castel Leone

Man steht unter uralten Bäumen und darf Toilette und Pool benutzen. Zum Essen sitzen wir gemütlich im hohen Gewölbe des alten Hauses. Weil es warm genug ist, wechseln wir danach auf den Terrassenplatz unter großen Schirmakazien. Von dort wandert der Blick über die Höhen. Weil die Nacht sehr klar ist, sehen wir weit ins Land und erahnen in der Ferne ein Leuchten des Ätna.

Agriturismo Antico Feudo San Giorgio
Contrada San Giorgio, SS120,
km 45,990, 90028 Polizzi Generosa,
Tel. +39 334 8349259,
anticofeudosangiorgio.com
GPS: 37.757553, 14.019734

Am nächsten Morgen queren wir den schönen Ort Polizzi Generosa, fahren hoch zu den Hügeln des Madonie-Gebirges, parken den Bus und starten zur Tour auf den Pizzo Carbonara. Die dauert zwei Stunden und findet ihren Höhepunkt auf der 1979 Meter hohen Kuppe. Der Platz bietet tolle Blicke auf das Meer und die umliegenden Berge.

Der Startpunkt zum Pizzo Carbonara ist am Abzweig von der SP54 oberhalb des verlassenen Hotels La Montania.
GPS: 37.887722, 14.006722

PALERMO UND SEINE MÄRKTE

Palermo zu sehen und mit allen Sinnen zu erleben, ist ein würdiger Abschluss unserer Reise um die Insel. Mit ein bisschen Planung ist das auch für Campervan-Traveller strategisch leicht zu bewältigen. Wir stellen den Bus in die Tiefgarage unter dem Palazzo di Giustizia und laufen mit kleinem Gepäck zur herrlichen Dachterrassenwohnung unserer Gastgeberin Marjolein. Von hier aus lässt sich die Stadt mit ihrer großartigen Architektur, den wilden Märkten, tollen Bars und Trattorien bestens erkunden.

Stand in der Tiefgarage (8 Euro pro Tag, 2,10 m Höhe) am Palazzo di Giustizia:
GPS: 38.119475, 13.352601
Alternativ auf dem Womo-Camp unter freiem Himmel: Via Quarto dei Mille 11B, Tel. +39 091 6515010
GPS: 38.109697, 13.342431

Wohnen im airbnb: Marjolein Wortmann, Vicolo Madonna del Cassaro 7, Tel. +39 338 1311709
GPS: 38.116891, 13.365173
Die holländische Künstlerin Marjolein vermietet traumhaft gelegene Dachwohnungen im Herzen Palermos, sie spricht Deutsch und Englisch.

Um Überblick zu gewinnen, führt unser erster Weg zum Torre di San Nicolò. Von oben offenbart sich die geografische Anordnung der wilden Metropole Siziliens: Zwischen den dunklen Hängen des karstigen Küstengebirges schiebt sich ein Häusermeer hinab ans Wasser. Je näher am Meer gelegen, desto älter die wuchtigen Häuser. Unterteilt wird das Centro Storico durch den Corso Vittorio Emanuele und, rechtwinklig dazu, die Via Roma. Ans Rund des alten Hafens Porto Vecchio grenzt das altehrwürdige Marktviertel Vucciria. Direkt zu unseren Füßen nehmen die Stände des Mercato Ballarò alle Gassen in Beschlag.

Bester Aussichtsturm der Stadt: Torre di San Nicolò di Bari, Via Nunzio Nasi 18
GPS: 38.111482, 13.359808

Dort am Markt beginnt unser Rundgang. Jetzt am Morgen weht eine frische Brise durch die Gassen und verteilt den kräftigen Geruch des Meeres zwischen den Ständen. Am Vormittag treffen sich hier alle, die mit dem Herrichten von Essen zu tun haben: Frauen aus den engen Wohnvierteln, Bauern vom Umland, Restaurantbesitzer und natürlich die Fischer mit ihrem Fang. Besichtigen der Ware, Prüfen der Qualität, Auswählen der besten Stücke, Feilschen um den Preis – das sind Aktivitäten, die alle Beteiligten mit Hingabe absolvieren: Besonders die Fischhändler tun sich hervor. Voller Inbrunst widmen sie sich der »Abbanniata«, einem arabisch klingenden Singsang, in dem sie ihre Ware hochleben lassen und sich gegenseitig überbieten.

Rund um den Markt wird geköchelt und gegrillt. Toreingänge und Hausflure bilden handtuchschmale Trattorien, in denen so mancher »Maestro del Brodo« seine scharfe Fischsuppe anbietet. Da kommen auch wir auf den Geschmack: Um einem Tipp unserer Gastgeberin auf den Grund zu gehen, laufen wir zum Mercato Vucciria herüber und steuern den Marktstand von Angelo an. Er gilt als ortsbester Grillmeister und hat gerade herrliche Gamberetti-Spieße übers Holzkohlefeuer gelegt. Wir aber wollen mutig sein und Stigghiola probieren. Die besteht aus Kalbs- oder Lammgedärm, das um einen Stecken oder eine Lauchstange gewickelt wird. Offenbar eine ursizilianische Spezialität, alles riecht köstlich. Nach ein paar Minuten ist eine Ladung fertig und wir können kosten – aufessen kommt dann doch nicht infrage. Eher ein neuer Versuch: Pani câ meusa ist im Angebot – Brot mit Milz und Lunge, kurz in heißem Schmalz mit Rotwein geröstet und appetitlich in ein Sesambrot geschichtet. Schon besser, dieser Geschmack, unser Favorit wird dieser Snack aber ebenfalls nicht. Die Gamberetti-Spieße schneiden vorteilhafter ab.

Straßen-Grill-Imbiss von Angelo: Vucciria-Markt, Piazza Caracciolo
GPS: 38.11740, 13.36375
Beste Bar und ultimativer Treffpunkt: Taverna Azzurra, Via Discesa Maccherronai 10
GPS: 38.11780, 13.36321

AUF DEN MONTE PELLEGRINO

Dieses Highlight lassen wir uns nicht entgehen, denn man kann vom Stadtzentrum mit dem Rad zum Berg aufbrechen. Unser Ausgangspunkt für diesen Ausflug aber ist der Hinterhof des Restaurants La Mattanza im Viertel Vergine Maria. Wer dort für den Abend einen Tisch reserviert, steht mit dem Campervan legal und unter Aufsicht. Wir schauen natürlich in der nebenan liegenden alten Tonnara Bordonaro Zaharaziz vorbei – an dem hübschen Strand vor diesem beeindruckenden Gebäude wollen wir am Abend baden.

La Mattanza
Piazza Bordonaro 9, 90142 Palermo,
Tel. +39 091 6376298,
ristorantelamattanza.it
GPS: 38.165028, 13.369278

Mit dem Bike geht es auf die Via Bonanno Pietro, die zum Santuario Santa Rosalia hinaufführt. Links unterhalb der Kirche fährt man durch eine Absperrung in ein kleines Sträßchen durch den Wald. Später rollt man auf der Via Monte Ercta, die nach Addaura Richtung Mondello führt. Von hier geht es hinab, über steile Serpentinen und Tunnel – die Aussicht ist umwerfend. Dann sind wir wieder am Meer und radeln bequem auf der kleinen Küstenstraße zum Ausgangspunkt.

Die MTB-Pellegrino-Tour findet ihr hier: komoot.de/tour/29704592

Im Land der Trulli

Glücksmomente

Ganz ergriffen sind wir vom Einfall des Lichts am frühen Morgen, das die Höhlenstadt Matera grandios illuminiert.

TOURENLÄNGE
Rund 150 Kilometer

START UND ZIEL
Von Bari nach Lecce

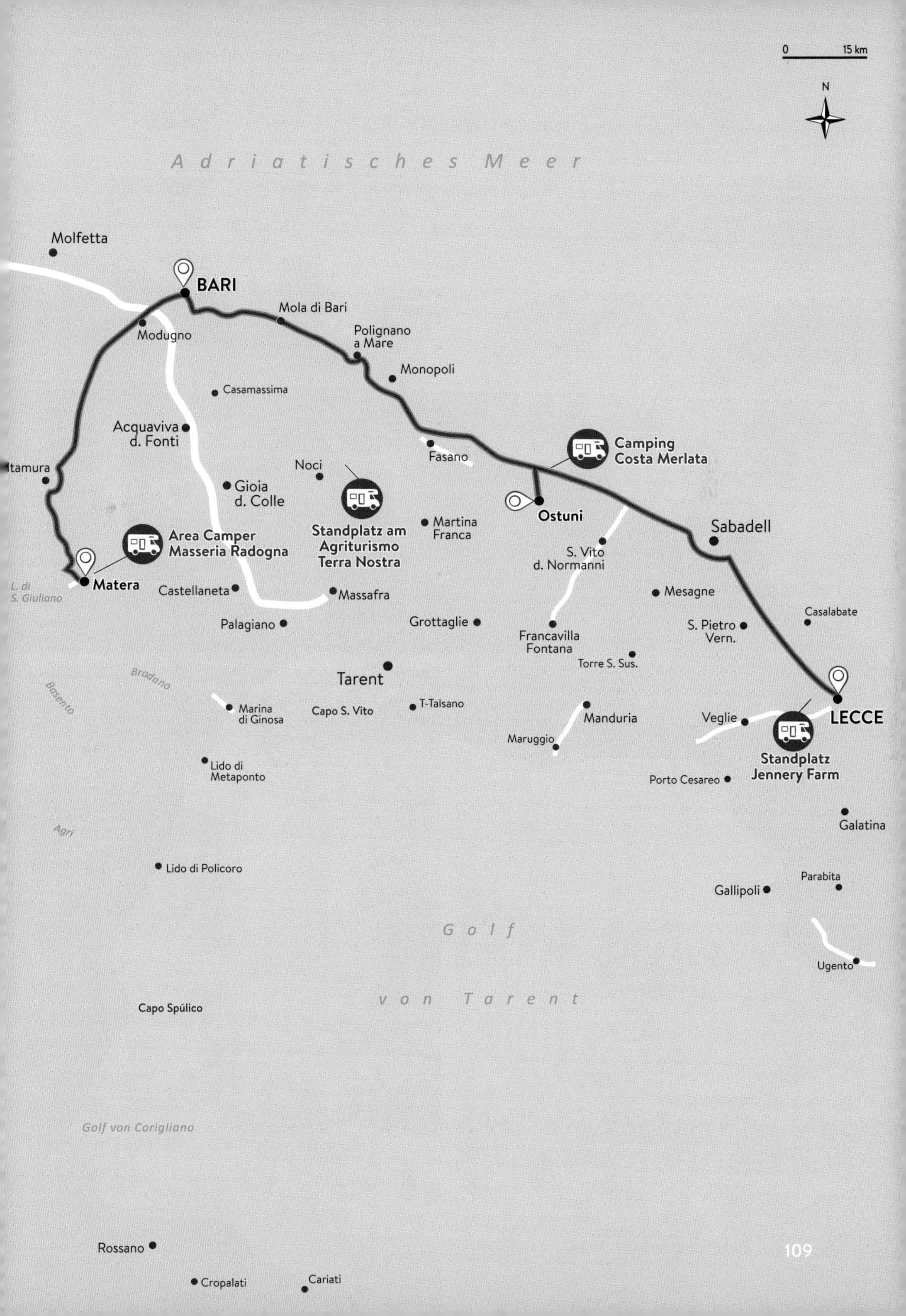
0 15 km
N
Adriatisches Meer
Molfetta
BARI
Mola di Bari
Modugno
Polignano a Mare
Monopoli
Casamassima
Acquaviva d. Fonti
Camping Costa Merlata
Fasano
Noci
Altamura
Gioia d. Colle
Ostuni
Standplatz am Agriturismo Terra Nostra
Martina Franca
Sabadell
Area Camper Masseria Radogna
S. Vito d. Normanni
Matera
L. di S. Giuliano
Castellaneta
Massafra
Mesagne
Palagiano
Grottaglie
Francavilla Fontana
S. Pietro Vern.
Casalabate
Torre S. Sus.
Bradano
Basento
Tarent
Marina di Ginosa
Capo S. Vito
T-Talsano
Manduria
Veglie
LECCE
Maruggio
Lido di Metaponto
Standplatz Jennery Farm
Porto Cesareo
Galatina
Agri
Lido di Policoro
Parabita
Gallipoli
Golf von Tarent
Ugento
Capo Spúlico
Golf von Corigliano
Rossano
Cropalati
Cariati

TOUR 9
IM LAND DER TRULLI

STADT UND LAND IN APULIEN

Gelbe Sassi, stolze Ölbäume und strahlender Barock

Sich auch einmal am Absatz des italienischen Stiefels umzuschauen, ist für alle interessant, die mit der Fähre von Bari zu den Küsten des Balkans oder nach Griechenland reisen wollen. Wir nehmen uns ein paar Tage Zeit und erkunden die herrlichen Landschaften und alten Städte Apuliens. Besonders die Barockstadt Lecce hat es uns angetan.

BARI – TOR ZUM BALKAN

Es ist der Hafen dieser Stadt, den viele Campervan-Traveller irgendwann einmal kennenlernen, denn hier schiffen sich viele zum Sprung auf den Balkan ein. Die Fähren steuern das albanische Durrës oder das griechische Patras an. Wer den Camper dort frühzeitig in Wartestellung bringt, kann vor der Abfahrt bequem zu Fuß ins mittelalterliche Zentrum herüberlaufen. Wir nehmen uns ein bisschen mehr Zeit: Bari ist die erste Station unserer Erkundung Apuliens.

Oben: Kulturerbe Trulli
Unten links: Massive Mauern schützen Baris Altstadt.
Unten rechts: Die Säulen der Santa Maria

Wie eine gewaltige Bastion trennen hohe Mauern die Altstadt vom Meer. Angenehm, dass Autos hier keinen Zugang haben. Von der Via Venezia, die entlang der erhöhten Brüstung direkt vor dem Museo Archeologico di Santa Scolastica verläuft, blicken wir nach Osten aufs Meer und gegenüber auf ein Labyrinth aus Gassen und Plätzen. Um die Piazza Mercantile mit der steinernen Prangersäule reihen sich schöne Bars und Trattorien. Etwas abseits des großen Platzes finden wir Sträßchen, wo die Nachbarschaft auf dem Gehsteig im Schatten sitzt und auf die Säulen der Santa Maria del Buonconsiglio schaut. Diese Ruinen scheinen ihr alltägliches Wohnzimmer zu sein.

Der Rundgang macht Hunger. Etwas abseits des Zentrums stoßen wir auf die sympathische Osteria Villari, wo wir ein Filetto di Bovino con Salsa al Pistacchio – Rindfleischfilet in Pistazien-Salsa – genießen. Ungewohnt, von bester Qualität, einfach wunderbar! Der freundliche Kellner erläutert, in welcher Tradition das tolle Fleisch steht: Die großen Höfe auf Apuliens riesigen Weiden waren schon in römischen Zeiten für die Rinder- und Pferdezucht berühmt. Sein Tipp: Wie so eine Masseria heute aussieht, kann man im Agriturismo Terra Nostra (ehemals La Conea) besichtigen.

**Typisch ländliche apulische Küche:
Osteria Villari, Via Pasquale Villari 54,
Tel. +39 328 413 2630
GPS: 41.126513, 16.864382**

**Im Agriturismo Terra Nostra erfahrt ihr alles über die Rinderzucht und es gibt auch Stellplätze für Camper:
Strada Comunale la Conea 12, 70017 Putignano, Tel. +39 388 0493311,
agriterranostra.it
GPS: 40.817816, 17.169433**

HÖHLENSTADT MATERA

Nächste Station unserer Apulien-Erkundung ist Matera. Einst lebten die Bewohner dieser Stadt in Höhlen, die sie in den weichen Tuffstein der Flanken des riesigen Canyons Torrente Gravina gruben. Jetzt sind die Behausungen eine Art Museum. Im unteren Teil des Canyons, in dessen Steilwänden sich die einfachen Sassi übereinander gruppieren, gibt es keinerlei schmückendes Beiwerk: eine Tür, dahinter ein Raum. Weiter oben sind die Eingänge der Höhlenhäuser schon edler geformt und ganz oben prunkvoll geschmückt. Wir sehen prächtige Palazzi mit sorgfältig verzierten Tuffsteinfronten, rückseitig als System von Wohnhallen in den Berg gebaut. Seit einigen Jahren trägt diese einzigartige Stadt den Titel des UNESCO-Weltkulturerbes. Wir wandern durch die Gassen, erklimmen Treppen, erkunden Tunnelgänge und sind erstaunt: Wo einst Menschen wohnten, entstehen jetzt unzählige Bars und Restaurants, Galerien und Designerboutiquen.

Wir wollen ein bisschen Romantik und stellen den Bus auf der Hochebene gegenüber der Altstadt ab. Die Masseria Radogna ist ein prima Nightspot und eröffnet ein tolles Erlebnis, denn den schönsten Eindruck hinterlässt die einzigartige Höhlenstadt als grandiose Kulisse, bei wechselndem Lichteinfall. Am reizvollsten ist das aus der Distanz zu erleben, wenn der Sonnenuntergang die Tuffsteinwände modelliert.

Um das Lichtspiel am frühen Morgen zu beobachten, stehen wir zeitig auf und wandern durch Wiesen von der Masseria zum Rand der Hochebene. Beeindruckend, wie sich die Sonnenstrahlen ganz langsam in die dunklen Felswände des Canyons tasten, die Tuffsteinstrukturen der Stadt Stück für Stück beleuchten und kontrastreich erstrahlen lassen.

**Oben: Am Morgen vor Materas Schluchten
Unten: Das Höhlensystem der Sassi**

Area Camper Masseria Radogna
Contrada Murgia Timone,
Tel. +39 388 8925407, ceamatera.it
GPS: 40.670820, 16.628877

OSTUNI INMITTEN VON OLIVEN

Unterwegs nach Süden, von der Küstenstraße E55 aus, entdecken wir das weiße Kleinod Ostuni. Ganz unerwartet erhebt sich die »Città Bianca« aus einem Meer silbergrüner Ölbäume. Dass es den edlen Gewächsen hier so gut geht, ist nicht selbstverständlich: In den letzten Jahren hat ein Bakterium Tausende der wertvollen, teils sehr alten Bäume angegriffen und die Lebensgrundlage der Bauern zunichtegemacht. Doch kurz vor Ostuni breitet sich ein Wald aus urgesunden Olivengärten über den Hügeln aus – unten rote Erde, oben ragen die filigranen Äste mit ihren wertvollen Früchten in den blauen Himmel.

Wir entdecken einen alten Olivenbauernhof unterhalb der Stadt und klingeln am Tor. Stefano Frantoio, der Juniorchef des Oleificio, öffnet uns und erklärt uns bei einem Rundgang, warum die Schäden der Bakterienseuche nur bei den südlichen Nachbarn so massiv auftreten: Seine Familie sorgt seit Jahren dafür, dass die Vielfalt der Olivensorten erhalten bleibt. Die ältesten Exemplare tragen vielleicht nicht so viele und so große Früchte, sind aber widerstandsfähiger gegen Bakterien. Einer seiner Bäume ist unglaubliche 3000 Jahre alt, über 1000 Exemplare zählen immerhin 100 Jahre und sehr viele mehr sorgen schon 50 Jahre lang für gute Ernten.

Diese Art der Landwirtschaft überzeugt. Wir kaufen einige Flaschen des tollen Olivenöls und brechen dann zu einem Erkundungsgang durch die Altstadt auf. Oben, zwischen den strahlend weiß getünchten Häusern, blinkt das nahe Meer und lässt uns erahnen, wie angenehm es sich auf diesem Hügel wohnen lässt.

Oleificio Frantoio Cimaf
Contrada Baugli s/n, 72017 Ostuni,
Tel. +39 335 6817277,
frantoiocimafostuni.it
GPS: 40.742116, 17.578649

AN DER COSTA MERLATA

Nach der Stadtbesichtigung brauchen wir ein wenig Ruhe. Wir wollen kochen und das frisch erstandene Olivenöl ausprobieren. Dafür fahren wir von Ostuni an die Costa Merlata – ein felsiger Küstenabschnitt mit vielen kleinen Buchten. Wir verlassen die E55, rumpeln über eine kurze Piste und finden einen Strandabschnitt mit Wiesen, Sand und schönen Badeplätzen.

Unser Standplatz an der Costa Merlata:
GPS: 40.778167, 17.639417
Nicht weit entfernt findet ihr einen offiziellen Platz: Camping Costa Merlata, Tel. +39 0831 304004, costamerlata.com
GPS: 40.776279, 17.639305

BAROCKSCHULE IN LECCE

Letzte Station unserer Tour ist Lecce. Diese Stadt ist ein Juwel für Liebhaber der Baukunst des 17. und 18. Jahrhunderts. Hier ließen die Fürsten Palast an Palast, Kirche an Kirche errichten, ein Ensemble, das als Lecceser Barock in die Kunstgeschichte einging. Heute ist die Altstadt ein fein hergerichtetes Gesamtkunstwerk mit Gassen und Plätzen aus spiegelndem Gestein, im Laufe der Jahrhunderte von tausend Füßen poliert. Wir biegen den Kopf in den Nacken, um die unglaubliche Pracht der Fassaden zu studieren, und steigen dann auf den Domturm für einen Überblick. Herrlich, wie das schwindende Licht Konturen in das Gewirr der Dächer und Mauern aus Tuffstein bringt.

Bald steuern wir wieder aus der schönen Stadt heraus und fahren über Landstraßen Richtung Norden. Wir hatten unterwegs schon viele der typischen Trulli-Steinkegel erspäht, weiß getünchte Bruchsteindächer in den Feldern. Sie sehen aus wie spitze Mützen. Was es mit ihnen auf sich hat, erfragen wir auf der Jennery Farm. Das ist ein Bauernhof nicht weit von Lecce entfernt, der Campervan-Travellern Plätze für die Nacht anbietet. Von Eigner Beppe erfahren wir so manches über die in Apulien übliche Landwirtschaft und kaufen guten Käse. Ergebnis der Trulli-Kunde: Die sogenannten Pagghiara dienten einst als Behausung armer Bauern – sind heute aber eher Kult.

Jennery Farm
Via Giovanbattista Pergolesi 20,
73100 Lecce, Tel. +39 320 2755177
GPS: 40.362113, 18.131988

Über die berühmten Trulli könnt ihr bei Wikipedia nachlesen: de.wikipedia.org/wiki/Trullo

Durch salzige Lagunen

Glücksmomente

Sehr zufrieden genießen wir am Abend Prosecco, Pane und Formaggio auf Giudeccas Hafendamm.

TOURENLÄNGE
Rund 170 Kilometer

START UND ZIEL
Von Chioggia über Venedig nach Grado

Belluno
Aviano
Cellina
Dignano
Udine
Cividale d. Friuli
Vittorio Ven.
Sacile
Pordenone
Codroipo
Gorízia
S. Vito al T.
Palmanova
Gradisca d. Is.
Rivignano
Conegliano
Villotta
S. Giórgio di Nogaro
Cervignano d. Fr.
Monfalcone
Nervesa d. Batt.
Isonzo
Oderzo
Latisana
Spresiano
San Stino di Livenza
Portogruaro
Aquileia
Campeggio Isola del Paradiso
Tagliamento
Grado
Golf von Triest
Lignano Sabbiadoro
Treviso
Livenza
S. Donà di Piave
Cáorle
Eraclea Mare
Mogliano V.
Lido di Jesolo
Mestre
Cavallino
Punta Sabbioni
Standplatz und Restaurant Belvedere
Venedig
Lido di Venezia
Agricampeggio Mose
Alberoni
Lagune von Venedig
KROATIEN
V. Pellestrina
Camping S.N.C
Chioggia
Golf von Venedig
Cavarzere
I. Albarella
Loreo
Ádria
Contarina
Pila
Bocche d. Po della Pila
Mésola
Scardovari
Lido di Volano
Porto Garibaldi
Foce d. Reno
Valle di Lido Magnavacca
S. Alberto
Alfonsine
Porto Corsini
N
0
10 km

ENTLANG DER MURAZZI

Muschelzüchter, Bootsleute und Gartenbauern

Eine etwas andere Annäherung an die Serenissima: Mit dem Fahrrad lässt sich die Umgebung der Lagunenstadt Venedig bestens von der Rückseite her erforschen, nämlich auf einer Fahrt längs der Murazzi. Diese Deiche schützen das innere Gewässer Venedigs vor den Sturmfluten. Später geht es mit dem Campervan nach Osten, ins Lagunenvorland Venetiens.

HAFENSTADT CHIOGGIA

Wir starten in Venedigs Nachbarstadt Chioggia, der vom internationalen Tourismus eher links liegen gelassenen Fischereistadt. Deren Kanäle, Palazzi und Wasserfronten können es aber, so meinen wir, in architektonischer Hinsicht mit so manchem Viertel Venedigs aufnehmen. Zwischen den Anlagen der großen Strände auf der Halbinsel Sottomarina richten wir uns auf einem gemütlichen kleinen Campingplatz ein.

Oben: Trabuccos an Chioggias Mole
Unten: Stolze Handelshäuser an Chioggias Hafenkai

Camping S. N. C.
Via S. Marco 1, 30015 Chioggia,
Tel. +39 041 403295
GPS: 45.226827, 12.297216

Der Stellplatz liegt günstig, nah am herrlichen, mit Steinplatten gedeckten Damm zum Faro Chioggia. Hierhin zieht es uns am Abend, um dem friedlichen Treiben der Bootsleute zuzuschauen und ein gemütliches Picknick im Abendlicht zu zelebrieren. Wir setzen uns auf die warmen Steine am spiegelglatten Wasser der Hafeneinfahrt und schauen den einlaufenden Fischer- und Segelbooten nach. Hinter uns erheben sich einige Trabuccos in den Abendhimmel: an Galgengestellen hängende Fischernetze, mit denen einheimische Spezialisten zu bestimmten Zeiten Schwärme kleiner Fische aus dem Wasser ziehen.

INSELSTREIFEN PELLESTRINA

Am nächsten Morgen suchen wir im Internet nach den Abfahrtszeiten der Fähren, die uns und die Räder über die Schiffsdurchfahrten zwischen Chioggia und den lang gestreckten Inselteilen von Pellestrina bringen sollen. Bald stehen wir am Fährterminal Corso del Popolo und besteigen das Schiff.

**Fährterminal Chioggia:
GPS: 45.22351, 12.280618
Unbedingt die Fährzeiten beachten, vor allem abends!**

**Infos zur Wegführung (17 km Entfernung über die Insel Pellestrina zum Lido):
komoot.de/smarttour/1105163**

Auf Pellestrina angekommen, halten wir uns stets an der westlich gelegenen inneren Wasserseite. Dort gibt es zahlreiche kleine und große Ortos, so heißen die Gärten hier, wo die Anwohner Gemüse anbauen. Ein Fischerhäuschen am Ufer reiht sich an das nächste und auf dem Wasser sehen wir die Gestelle der Muschelfischer. Hier hat wohl jede Familie ein kleines Boot, denn wir bemerken, dass viele Besorgungsfahrten übers Wasser erledigt werden.

Zur Seeseite, nach Osten hin, baut sich die mit großen Steinen gesicherte Mauer der Murazzi auf – und versperrt die Sicht aufs Meer. Wir aber klettern über die Steinblöcke und finden einsame Plätze zum Baden. Außer uns lockt das nur wenige einheimische Jugendliche, die scheinbar öfter mit ihren Rädern hierherkommen. Weiter geht es zum nördlichen Zipfel, dem kleinen Hafen San Pietro in Volta.

**Gutes Fischrestaurant am südlichen Ende Pellestrinas: Ai Pescatori,
GPS: 45.267168, 12.299881
ristoranteaipescatori.com
+39 041 5279346**

**Fisch und Meeresfrüchte bietet auch die Speisekarte des Agriturismo Le Valli am nördlichen Inselende,
agriturismo-le-valli.com.es/
+39 041 5279189
GPS: 45.333055, 12.322378.**

Der nächste Sprung mit der Fähre führt hinüber zum nördlichen Teil der Murazzi, der Isola del Lido. Es geht durch das Schutzgebiet Alberoni, vorbei am Quartier Malamocco und bis zu den uralten Strandbädern Venedigs. Auch das ist ein interessanter Ort mit der Atmosphäre vergangener Zeiten: Riesige Hotelpaläste aus der Jahrhundertwende – wie das edle Excelsior – ragen hier in den Himmel.

**Oben links: Muschelfischerei an den Murazzi
Oben rechts: Standplatz am Kai
Unten: Schiffegucken an der Punta Sabbioni**

CI3815
OBBEDISCO

CHIOGGIA UND DIE MUSCHELZUCHT

Chioggias Reichtum basierte lange auf der Fischerei und noch heute ist hier eine Flotte von fast 400 aktiven Booten stationiert. Eindrucksvoll, wie dicht gedrängt die Trawler an den Kais auf beiden Seiten der Stadtinsel liegen. Die Art der Fanggeschirre jedoch zeigt, dass das zweite wirtschaftliche Standbein das Geschäft der Vongole-Züchter ist. Um der Tierchen habhaft zu werden, errichten die Fischer künstliche Muschelbänke mit Gestängen, Matten, Seilen und Gittern im Wasser. Wenn alles gut geht, klemmen sich die Babymuscheln dann an die Konstruktion. Wenn sie groß sind, werden sie per Hand oder maschinell abgeerntet. 30000 Tonnen holen sie hier jährlich aus dem Lagunenwasser und erzielen sehr hohe Preise.

Nicht nur Spaghetti vongole schmecken hier gut: Osteria Penzo, Calle Larga Bersaglio 525, 30015 Chioggia, Tel. +39 041 400992, osteriapenzo.it GPS: 45.22329705061718, 12.280537082798068

Immer im Juli veranstalten die Stadtväter ein Fest: Chioggias Sagra del Pesce (visitchioggia.com) gilt als das beliebteste und berühmteste Norditaliens und bietet ein zehntägiges Programm mit offener Küche, Shows, Konzerten und Straßenkünstlern. Das Spektakel zieht jedes Jahr nicht weniger als 100000 Besucher an. Entlang des Corso del Popolo, der zentralen Straße des historischen Zentrums von Chioggia, stehen dann Probier- und Essensstände.

VENEDIGS PUNTA SABBIONI

Nach unserem Radausflug wechseln wir den Standort und brechen zu einer alternativen Annäherung an Venedig auf: Zunächst rollen wir an Mestre vorbei, auf der A57, E55 und E70, und biegen dann Richtung Jesolo auf die SR89 und die SR43. An Jesolo vorbei, wenden wir uns nach Westen und fahren auf die SP42. Sie führt durch Felder und Gärten bis zur Landspitze Punta Sabbioni und direkt vor die seeseitigen Tore Venedigs. Hier bestellen wir einen Tisch im Restaurant Belvedere und parken mit Erlaubnis des Chefs im Garten an einem kleinen Kanal.

Die Punta Sabbioni ist ein toller Ort. Wir erkunden die Ufer mit dem Rad und besonders der stille Weg entlang der Via Lungomare San Felice und der Via degli Armeni nach Treporti hat es uns angetan. Alles wirkt sehr ländlich und strahlt eine angenehme Ruhe aus. Hier können wir die kleinteilige Fischerei in der Lagune beobachten. Bevor wir uns am Abend zum Essen ins Belvedere begeben, unternehmen wir noch einen schönen Spaziergang entlang der östlich gelegenen Seeseite und laufen bis zum Leuchtturm Faro di Punta Sabbioni. Wahrlich ein guter Platz, um den Zugang zu Venedigs Lagune und die durchfahrenden Schiffe zu beobachten.

**Restaurant Belvedere
Via Lungomare San Felice 24, 30013 Cavallino-Treporti,
Tel. +39 041 966200
GPS: 45.449775, 12.428901**

Agricampeggio Mose
Via Monte Grappa 2, 30013 Cavallino-Treporti, Tel. +39 041 658922,
campingmose.com
GPS: 45.434819, 12.429140

MIT DEM VAPORETTO NACH VENEDIG

Wenige Schritte vom Restaurant Belvedere entfernt, legt das kleine Boot Richtung Venedig ab. Vaporetto, Dampfschiffchen, nennen sie hier diese praktischen Gefährte. Wir gehen an Bord und schippern, vorbei an den Inseln Sant'Erasmo und Vignole, Richtung innerer Lagune. Unser Ziel ist Zattere, eine Haltestelle am Kai der Hauptinsel. Dort wechseln wir das Boot und setzen zur herrlichen Insel Giudecca über, wo wir ein wenig am schönen Ufer herumlaufen. Dann setzen wir uns vor die Bar Palanca, trinken einen Spritz und verfolgen das geschäftige Treiben auf dem Wasser. Die gegenüberliegende Häuserfront können wir bis nach San Marco überblicken.

Bar La Palanca
Fondamenta Sant'Eufemia 448,
30133 Venezia, Tel. +39 041 5287719
GPS: 45.426362, 12.326524

LÄNDLICHE LAGUNE

Zum Schluss unternehmen wir einen Abstecher über die E70 nach Grado, zum östlichen Lagunengebiet bei Monfalcone. Diese superflache Landschaft mit ihren stillen Gewässern und dem Delta des Flusses Isonzo ist ein interessanter Ort. Wir richten uns auf dem herrlichen, sehr familiären Insel-Campingplatz Paradiso ein und erkunden mit dem Fahrrad die Gegend. Über einen schnurgeraden Damm geht es zum Städtchen Grado herüber. Auch hier beherrschen die Muschelfischer alle Kais und Uferanlagen. Im Zentrum bestaunen wir die uralten Mauern der Handelshäuser und schlendern über den seeseitigen Damm. Im Norden der Lagune erstreckt sich ein weites, von Kanälen durchzogenes Landwirtschaftsgebiet. Mittendrin liegt die schöne Stadt Aquileia, umgeben von Weinfeldern und Olivengärten.

Campeggio Isola del Paradiso
Località Isola Volpera, 34073 Grado,
Tel. +39 0431 476618,
isoladelparadiso.com
GPS: 45.723245, 13.378988

Geruhsam und wunderschön ist es, im Seekajak durch die Lagune von Grado zu gleiten. Am nördlichen Horizont sieht man dann die langen, schneebedeckten friaulischen Berge über Wiesen und Gewässern schweben.

Canoa Kayak Friuli
Belvedere Pineta Camping Village, Via Martin Luter King, 33051 Aquileia,
Tel. +39 340 5467279, canoafriuli.com
GPS: 45.725328, 13.402927

Unter weißem Karst

Glücksmomente

In Rijeka hüpfen wir am hübschen Badeplatz der Schiffswerft 3. Mai vom Sprungturm und erleben echte Jugo-Badefreuden.

TOURENLÄNGE
Rund 80 Kilometer

START UND ZIEL
Von Triest nach Rijeka

TALIEN
SLOWENIEN
TRIEST
Standplatz
Via Ottaviano Augusto
Muggia
Campingplatz Sorina
Vovk – Kmetija Vovk
Weinbauernhof
Štok
Parkplatz an
der Molo Longo
Camping
Porton
Camping Stoja
Duino
Dutovlje
Razdrto
Postojna
Grahovo
Nova Vas
Sežana
Senožeče
Pivka
Iga vas
Basovizza
Reka
Ribnica
Mašun
Artviže
Snežnik
1796
Ilirska Bistrica
Osp
Obrov
Piran
Plaza Debeli Rtic
Koper
Podgrad
Gomanci
Savudrija
Ankaran
Bauernhof
Marezige
Vodice
Rupa
Gradin
Vele Mune
Obruč
1377
Kaštel
Umag
Buzet
Buje
Kastav
Jelenje
Livade
Lupoglav
Hum
Opatija
Rijeka
Mirna
Motovun
Vižinada
Vranja
Novigrad
Tar
Jezero
Butoniga
Lanterna
Lovran
Cerovlje
Kraljevica
Pazin
Poreč
Mošćenička Draga
Pićan
Baderna
Riječki
zaljev
Vela vrata
Kršan
Gradina
Vrsar
Sv. Ivanac
Brestova
Kanfanar
Žminj
Raša
Porozina
Beli
Porat
Malinska
Valalta
Limski kanal
Labin
Rovinj
Svetvinčenat
Rabac
Krk
Barban
Srednja vrata
Valbiska
Bale
Cres
Zaljev Raša
Rakalj
Krk
Merag
Koromačno
Creski zaljev
Vodnjan
Mali Brijuni
Plavnik
Veli Brijuni
Valtura
Valun
Batajni
Pula
Vransko
jezero
Vrana
Veruda
Medulin
Premantura
Rt Marlera
Zeca
Rt Kamenjak
N
Osor
Lošinj
Unije
0
10 km
Sv. Jakov
Bokinic

TS 373

ADRIATISCHE VIELFALT

Kaiserhäfen, Grillküchen und Jugo-Charme

Entlang der nördlichen Adria, zwischen dem italienischen Triest, dem slowenischen Koper und dem kroatischen Rijeka, überqueren wir alte und neue Grenzen. Hier bezaubern uns überall interessante Orte: An der Küste unter dem Karstgebirge besuchen wir historisch bedeutsame Häfen und übernachten an attraktiven Badeplätzen.

FREIHAFENSTADT TRIEST

Erste Station der Tour ist Triest, eine stolze Hafenstadt unter den Hügeln des Karstgebirges. Geografisch bildet dieser Kamm den nördlichen Teil der Dinarischen Alpen: aufgebaut aus bleichem, manchmal fast weißem Kalkgestein, durchzogen von Dolinen. Dieses Bergland zieht sich 600 Kilometer entlang des Ostufers der Adria bis nach Albanien und bildet, nach der Definition des Belgrader Geografen Jovan Cvijić (1865–1927), das »westliche Rückgrat des Balkans«.

Als politisch umstrittenes Territorium ging Triest in die Geschichte ein: Der österreichische Kaiser Karl VI. wollte einst seine Macht von hier über Rijeka bis zum montenegrinischen Kotor ausdehnen. 1719 ließ er den Freihafen Triest erbauen, mit dem Ziel, der Alpenrepublik letztlich den Seeweg über das Mittelmeer, durch Ägypten nach Asien zu öffnen. Diesem abenteuerlichen Zweck verschrieb sich auch der Triester Bürger Pasquale Revoltella (1795–1869): Zusammen mit dem Franzosen Ferdinand de Lesseps (1805–1894) gründete er 1855 eine Gesellschaft zum Bau des Suezkanals.

Triest hat diesem Mann ein stattliches kunsthistorisches Museum gewidmet. Es umfasst Werke aus dem Nachlass Revoltellas und zeigt unter anderem Kunst aus dem 19. und 20. Jahrhundert. Wir nehmen uns ein paar Stunden Zeit, um in der Ausstellung die Geschichte Revue passieren zu lassen, und trinken dann einen Kaffee auf der wunderbaren Dachterrasse des Museums.

Oben: Wandern an der Karst-Küste
Unten: Im Hafen von Triest

**Museo Revoltella –
Galleria d'Arte Moderna
Via Armando Diaz 27,
Tel. +39 040 6754350,
museorevoltella.it
GPS: 45.646850, 13.763180**

Heute gehören Triest und die Karstküste für viele Österreicher zu den beliebtesten Ausflugszielen: In den Strandbädern und Cafébars hört man heraus, dass hier das Wienerische dominiert. Wir schlendern am Canal Grande entlang, erkunden das Gelände der historischen Verladekais und die zur Seeseite offenen Plätze. Alte Cafés und Bars, Gassen und Treppengänge strahlen hier eine deutlich maritime Atmosphäre aus. Unseren Camper haben wir direkt am Hafen auf einem auch für Wohnmobile vorgesehenen Platz abgestellt. Die Nacht verspricht zwar recht laut zu werden, aber von dort aus können wir die Stadt bequem zu Fuß erkunden.

**Standplatz am Hafen: Via Ottaviano Augusto 9
GPS: 45.647348, 13.754109**

PORTO VECCHIO UND MEHR

Spannend ist der Gang zum historischen Hafen von Triest. Aktuell ist er noch eine Baustelle. Geplant ist die Umwandlung der alten Magazzini in eine Kulturmeile, zum Beispiel in ein Museo del Mare. Schon fertig und geöffnet ist das »Magazzino 26« (45.665285, 13.761963) mit einer Dauerausstellung über den in der Kaiserzeit von der Reederei Österreichischer Lloyd betriebenen Hafenausbau.

Unterwegs entdecken wir ein ganz ungewöhnliches Museum. Es ist der Bora gewidmet, dem balkantypischen Landwind, den wir auf unserer Reise noch zu spüren bekommen werden. Kaum zu glauben, dass er in Triest ein eigenes Museum hat. Und was wird gezeigt? Unter anderem eine Reihe leerer Flaschen, die weltweit größte Sammlung von Luftbewegungen!

**Museo della Bora
Via Belpoggio 9, museobora.org
GPS: 45.643987, 13.760209**

Freundliche Studenten empfehlen uns ein Lokal, in dem sich Künstler und junge Leute treffen. Wir finden diesen schönen Ort gleich sympathisch: Das Knulp ist ein alternatives Studentenlokal mit Buchhandlung und Musikbühne. Es logiert in einem sehenswerten alten Gebäude und wenn man Glück hat, bekommt man am Abend eine Veranstaltung mit.

**Literaturcafé Knulp
Via della Madonna del Mare 7a,
knulp.org
GPS: 45.647322, 13.766803**

Vom Stadtbummel bekommen wir Hunger. Wir stillen ihn schließlich in der einfachen Trattoria Al Collio, wo es aussieht wie in Omas Wohnzimmer. Die Gäste scheinen eher aus der Nachbarschaft als von weither zu kommen. Die Fischsuppe schmeckt hervorragend und wir hoffen, dass an der Einrichtung in den nächsten Jahren nichts geändert wird. Zum Abschluss gönnen wir uns einen Espresso im Caffè Tommaseo an der Piazza Nicolò Tommaseo. In diesem stilvollen Café lebt auf ewig Wien.

Trattoria Al Collio
Piazza Venezia 4, trattoriaalcollio.com
GPS: 45.646753, 13.762515

Wer nicht direkt in Triest übernachten will, findet einige Kilometer weiter nördlich, mitten im Karst, mit dem Agriturismo Gruden-Zbogar (grudenzbogar.com) eine schöne Alternative zum Hafenplatz.

CHARMANTES MUGGIA

Unser nächstes Ziel ist Muggia, ein kleiner Vorstadthafen, der an manchen Plätzen noch dörflichen Charme verbreitet. Hier parken wir direkt am Wasser und laufen durch die hübschen Gassen des historischen Ortskerns. Heute ist Markt und die Stände mit Obst, Gemüse und frischem Fisch sind schön drapiert. Zu Mittag essen wir in der wunderbaren Trattoria Risorta. Das Restaurant bewirtet seine Gäste in altehrwürdigen Mauern. Sehr wohltuend wirkt die einfache Einrichtung, Bedienung und Speisen hinterlassen bei uns den besten Eindruck.

Trattoria Risorta Muggia
Riva Edmondo De Amicis 1a, 34015 Muggia, trattoria-risorta.eatbu.com
GPS: 45.604997, 13.767966

ENTLANG SLOWENIENS KURZER KÜSTE

Dass Slowenien eine Küste von nur 46,6 Kilometern sein Eigen nennt, wird uns auf dieser Reise zwingend klar: Die Grenzübergänge sind nun wirklich nicht weit voneinander entfernt. Zunächst steuern wir den einzigen slowenischen Hafen an, der dem Nachbarn Triest die ökonomische Bedeutung streitig macht: Koper. An dieser Stadt fahren die meisten Durchreisenden achtlos vorbei, wir nicht, denn Kopers kreisrunde, von Wasser umschlossene Altstadt wie aus einem venezianischen Skizzenplan wollen wir uns ansehen. Aus jugoslawischer Zeit übrig ist nur der Tito-Platz. Allein als Name, denn die wunderbaren Paläste im Karree sind, wie auch die Arkadenbögen mit der Loggia des Cafés Kavarna, älter als die vergangene Epoche.

BADEPLATZ IN KOPER

Kopers Bewohner treffen sich gern an der genial konstruierten Beton-Bademole Debeli Rtič. Sie liegt in einer schattigen, wunderschönen Parkanlage mit uralten Bäumen. Hier gibt es Grillplätze, Kioske und Kinderspielgeräte, an deren Design wohl seit 50 Jahren nichts geändert worden ist. Wir genießen hier ein paar schöne Stunden beim Baden und kommen mit einigen Männern ins Gespräch, die früher als Gastarbeiter in Deutschland lebten. Leider ist auf dem großen Parkplatz kein Übernachten für

Camper gestattet, in Marezige gibt es aber den schönen Weinbauernhof Štok, wo man auch gut essen kann.

Spiaggia Punta Grossa
Plaža Debeli Rtič, 6280 Ankaran
GPS: 45.591853, 13.712512

Weinbauernhof Štok
Marezige 20, 6273 Marezige,
Tel. +386 40 235366, kmetija-stok.si
GPS: 45.5055, 13.7952

SPOT FÜR KLETTERFANS

Freunden des Sportkletterns empfehlen wir, einen Tag an den Felsen von Osp zu verbringen. Der malerische Weinort liegt nicht weit vom Meer entfernt im Karstgebirge und mitten in dörflichem Bauernland. Ein sehr schöner Campingplatz in Sichtweite der Felsbarriere bietet sich als Standplatz an. Die Betreiberfamilie ist äußerst freundlich und serviert bei Bedarf am Abend einfache, auf dem Grill zubereitete Gerichte.

Campingplatz Sorina Vovk –
Kmetija Vovk
Osp 20, 6275 Črni Kal,
Tel. +386 51 269595,
kmetija-vovk-osp.si
GPS: 45.571051, 13.857036

WILLKOMMEN IN KROATIEN

Wir verlassen Slowenien und fahren an der Küste entlang nach Istrien. Diese idyllische Halbinsel ist sicher vielen Travellern bekannt. Das Gebiet gehörte in den Zeiten Jugoslawiens zu den beliebtesten Zielen von Deutschen und Österreichern und es gibt bekanntlich sehr schöne, in der Sommersaison leider oft überfüllte Strände. Wildcampen ist nicht angesagt, die Kroaten meinen es ernst mit dem generellen Verbot. Doch mit guter Planung und telefonischer Anmeldung auf den Campingplätzen bekommen Wohnmobilisten das Reisen durch dieses attraktive Land in den Griff.

Auf der Landstraße 75 nach Rovinj, kurz hinter Flengi, erleben wir, was es mit dem Odojak auf sich hat: So nennen die Kroaten das von allen heiß geliebte Spanferkel. Es gehört zu ihren gemütlichen Sitten, möglichst draußen und am offenen Feuer, dem Schweinefleisch zu huldigen. So rollen wir an einer ganzen Reihe von Grillstationen vorbei – bis uns das Wasser im Munde zusammenläuft und zum Halten zwingt. Die Parkplätze vor den Konobas sind ständig gut besetzt, wohl weil Anblick und Geruch der knusprigen Ferkel nicht nur uns Appetit macht. Aber Vorsicht – das Fleisch wird tagsüber aufgewärmt serviert und kommt erst gegen 17 Uhr frisch vom Spieß.

Oben links: Badespaß vor Rijekas Werft
3. Mai
Oben rechts: Rijekas Markthalle
Unten: Rovinj's betagte Wasserfront

Konoba Patricija
Kloštar 5, 52450 Vrsar,
Tel. +385 99 653 3286
GPS: 45.141889, 13.703217

ADRIA-JUWEL ROVINJ

Rovinj präsentiert sich als schönstes Juwel der adriatischen Küste: eine kleine Siedlung hübsch angeordneter Häuser, fotogen zusammengedrängt auf einem Felsensporn, gänzlich erhalten und von keinem modernen Element gestört. Wir erkunden diesen Ort in aller Frühe, denn er wird oft von vielen Menschen gleichzeitig angesteuert. Der Blick vom Kirchturm über die Dächer aufs Meer ist einzigartig. Anschließend wandern wir auf dem hübsch angelegten Küstenpfad Šetalište Lona um die Zlatni-Halbinsel bis zum Kletterfelsen. Unseren Standplatz beziehen wir nördlich von Rovinj auf dem Camp Porton. Hier können wir direkt am Wasser parken und stehen unter hohen alten Bäumen. Toll, dass wir am Abend von hier aus beobachten können, wie die sinkende Sonne das alte Städtchen im späten Licht erglühen lässt.

Camping Porton
Porton Biondi 1, 52210 Rovinj,
Tel. +385 52 552552, porton.hr/de
GPS: 45.09510, 13.64146

ANTIKE STADT PULA

In Istriens Hauptstadt besuchen wir als Erstes das bildschöne römische Amphitheater. Unglaublich, dass man damals schon für etwa 23 000 Zuschauer baute! Heute passen noch etwa 5000 Leute auf die antiken Ränge. Sie kommen, um Sängern wie Robbie Williams zuzuhören. Einst ging die Bedeutung Pulas eher vom Hafen aus: Er war Standort der österreichischen Marine. In den Zeiten Jugoslawiens sorgte die Uljanik-Werft für Arbeit und Einkommen.

Heute leben fast alle Bewohner vom Tourismus. Den Feriengästen kann Pula einiges bieten: die Strände des Stadtteils Verudela zum Beispiel, wo sich immer wieder seltene Mönchsrobben beobachten lassen. Fünf Kilometer nordwestlich locken die 14 Inseln des Nationalparks Brijuni. Wir erkunden nur einen kleinen Teil dieser Schönheiten und steuern den tollen Campingplatz Stoja an. Er liegt nahe der Stadt auf einer Halbinsel. Wir ergattern einen Stellplatz mit Blick aufs Wasser und sind begeistert von den Felsplatten am Ufer, wo wir am Abend im ruhigen Wasser schwimmen gehen.

Camping Stoja
Stoja 37, 52100 Pula,
Tel. +385 52 387144,
arenacampsites.com
GPS: 44.856203, 13.815693

RIJEKA AN DER KVARNER-BUCHT

Letzte Station unserer Reise entlang der nördlichen Adria ist die sehenswerte Stadt Rijeka. Sie gefällt uns, weil sich hier auf wunderbare Weise Betonarchitektur des sozialistischen Jugoslawien und österreichisch-ungarischer Pomp vermischen. Zudem gruppiert sich die Stadt um einen interessanten Hafen, auf dessen Molo Longo nicht alles abgerissen wurde, was nicht mehr brauchbar ist. Die alten Kräne zum Beispiel hat man erhalten, um den Charakter des historischen Handelsortes zu betonen. Wir parken den Bus auf einem Parkplatz vor dem Büro der staatlichen Schifffahrtsgesellschaft Jadrolinija. Hier können wir unauffällig die Nacht verbringen, wenn auch die Verkehrsgeräusche durch Ohrstöpsel nicht ganz zu unterdrücken sind.

**Parkplatz an der Molo Longo:
GPS: 45.323972, 14.439214**

Ganz früh am nächsten Morgen stehen wir auf, laufen unter den Kränen der Molo Longo durch und dann ein paar Minuten weiter zur architektonisch einmaligen historischen Markthalle an der Demetrova ulica. Hier ist das Geschäft mit dem Fisch schon in vollem Gange und wir sind begeistert von der Auswahl an Meerestieren und davon, wie lustig die Verkäuferinnen bei der Arbeit sind. Nicht weit entfernt, am alten Holzkai, hat man die »Galeb« vertäut. Einst steuerte sie als stolze jugoslawische Staatsjacht die Häfen der Welt an. Heute wird sie mit EU-Geldern restauriert und soll danach als Museum im Hafen festmachen.

Zum Schluss unseres Besuchs fahren wir ins nördliche Viertel der Stadt zum Gelände der Werft 3. Mai. Das ist kein abschreckender Ort, ganz im Gegenteil. Direkt vor den Toren der riesigen Werkstätten liegt ein kleiner Segelhafen mit Grillstation, Café und Bademole samt Sprungturm. Hier verbrachten die Arbeiter mit ihren Familien in den besseren Zeiten der Werft ihre Freizeit. Wir packen an diesem schönen, stillen Platz unser Picknick aus und tollen bis in die Abendstunden im und am Wasser herum.

**Badeplatz der alten Werft 3. Mai:
Pulska ulica
GPS: 45.337944, 14.386833**

Am Balkanbogen

Glücksmomente

Am kleinen Strand des Camp Paklina auf Hvar schwimmen wir ein Stück der untergehenden Sonne entgegen.

TOURENLÄNGE
Rund 380 km

START UND ZIEL
Von Hvar nach Ulcinj

Sanski Most
Banja Luka
BELGRAD
Tuzla
SERBIEN
Unac
Zvornik
Jajce
Zenica
Drina
BOSNIEN UND
HERZEGOWINA
Knin
Užice
Livno
Sarajevo
Cetina
Buško jezero
Konjic
Drina
Neretva
Foča
Split
Trogir
Prijepolje
Mostar
Makarska
Brač
Standplatz am Meer bei Komin
Hvar
Sućuraj
Drvenik
Hvar
Vis
Feronija Beach
Ploče
Metković
Trpanj
Camp Vrila
Orebić
Camp Paklina
MONTENEGRO
Camp Polje Zaton
Korčula
Pelješac
Ston
Nikšić
Trebinje
Lastovo
Mljet
Autokamp Kascelan
Dubrovnik
Cavtat
Risan
Herceg-Novi
Kotor
Podgorica
Luštica
Tivat
Cetinje
Standplatz Arza-Strand
Budva
Restaurant Mirišta
Shkodër
Kamp Begović
Bar
Standplatz bei Buljarica
Ulcinj
Hills Camping
ALBANIEN
Adriatisches
Meer
Durrës
Barletta
Andria
Bari
N
ITALIEN
0
30 km

KÜSTE DES WINDES

Bora, Peka und Sliwowitz

Landschaftlich ist der adriatische Balkanbogen kaum zu überbieten: Wir campen auf der sonnenüberfluteten Insel Hvar und rollen dann an der Küste unter den dalmatischen Karstbergen hindurch. Wir überqueren einen Meereskanal, machen der Seefestung Dubrovnik unsere Aufwartung und biegen dann in den Fjord des Mittelmeers: Kotor. Schließlich erreichen wir die sandigen Strände von Ulcinj.

AN DER SCHÖNEN MAKARSKA

Jenseits der Insel Hvar erhebt sich der Nationalpark Biokovo. Zu seinen Füßen erstreckt sich Kroatiens idyllische Makarska-Küste. Der südöstliche Teil des steilen Kalkmassivs setzt sich bis nach Bácina fort, an die Flussmündung der Neretva. Die Gipfel Štropac, Vošac und Kimet, alle um die 1500 Meter hoch, bekommt man von der E65, die der Uferlinie folgt, nicht zu Gesicht. Zu steil werfen sich die Hänge nach Osten in den Himmel. Erst aus weiterer Entfernung, von den Hügeln der Insel Hvar aus gesehen, kann man sie gut entdecken.

Oben: Die Bora formt Hvars Bäume.
Unten: Bergland in Hvar

Gut zu wissen

DIE BORA

Hier, an der Steilstufe zwischen Berg und See, entsteht in der Sommer-Hochsaison immer wieder ein orkanartiger Landwind, die Bora. Das Triester Bora-Museum erklärt das Phänomen: »Die Bora ist ein trockener, kalter und extrem böiger Fallwind, der entsteht, wenn polare Kaltluft aus nördlicher bis nordöstlicher Richtung in die adriatische Küstenregion strömt. Über die Gebirgspässe stürzt sich diese dynamische Luftmasse dann in die Adria, wobei sie enorm Geschwindigkeit aufnimmt.« Segler und vor allem Kanu- und Seekajakfahrer müssen sich vor diesem Wind in Acht nehmen: Er weht stets ablandig und kann sogenanntes fliegendes Wasser hochwerfen, sodass betroffene Bootsleute Atemnot bekommen. Also niemals aufs Meer bei diesen Böen!

AUF HVAR

Der dalmatische Fallwind begrüßt uns, sobald wir in Sućuraj auf Hvar von der Fähre rollen. Vernehmlich schüttelt die Bora unseren Bus und sorgt ganz nebenbei für eine spektakuläre Nebenwirkung: Nie haben wir so klare Blicke über die Adria genossen. Für uns ist Hvar die spannendste Insel südlich von Split. Denn dort gibt es noch abgelegene, fast unbebaute Küsten, wo man mit dem Bus auf kleinen Camps stehen und sich gemütlich am Ufer einrichten kann. Für extensive touristische Bebauung ist hier alles zu eng und zu steil.

TRAUMSTRAND FERONIJA BEACH

Auf schmaler, fast leerer Straße rollen wir gemächlich durch duftende Macchia in Richtung des Hafenstädtchens Hvar. Von Jelsa aus fahren wir durch das kleine, hübsche Pitve, dann in einen dunklen Tunnel mit nur 2,20 m Breite. Wessen Gefährt dicker ist, muss die Piste über den Pass nehmen. Auf der gegenüberliegenden Westseite eröffnen sich spektakuläre Blicke von der Passhöhe auf die von Inseln gesprenkelte See. Die Fallböen der Bora bürsten das Wasser zu klein gerippten Wellen und färben es in dunkelblau schillernden Tönen. Über den strahlenden Himmel schiebt dieser Wind turmhohe, schneeweiße Wolken.

Wir lassen den Bus die steilen Serpentinen hinabrollen und biegen unten von der Uferstraße bei Ivan Dolac zum Camp Paklina ab. Hier, am Feronija Beach, führt der nette Ivo das Regiment und überlässt uns einen perfekten Stellplatz unter Oliven, mit freiem Blick aufs Wasser. Wir wollen nicht so schnell wieder weg und spannen als Windschutz unsere Markisen und Segel auf, natürlich sorgfältig verankert. Ivo betreibt auf seiner genialen Terrasse das Meeresrestaurant Vela Sika und brät uns vom Vater gefangenen Fisch auf dem Grill. Zum Tagesausklang springen wir ins glasklare Wasser und schwimmen ein Stück dem Sonnenuntergang entgegen.

Camp Paklina
Ivan Dolac 175, 21465 Ivan Dolac,
Tel. +385 91 5180203
GPS: 43.12646, 16.64396

ZUM GIPFELKÖNIG NIKOLA

Am nächsten Tag brechen wir zu einer vielversprechenden Mountainbike-Tour auf: Wir fahren vom Camp auf der Uferstraße ein Stück zurück nach Osten, dann über den Zugangstunnel auf den Jagodna-Pass. Von dort geht's steil hinab ins Dorf Pitve und durch Malo Grablje, bis uns die Piste durch herrliche Oliven- und Obstbaumgärten wieder hinauf zur Hochebene unter dem Berg Nikola führt. Mit stolzen 628 Metern ist er der höchste Punkt der Insel. Wir bewundern das surreal wirkende Plateau mit den zerzausten Kiefern und kehren schließlich im

Oben links: Standplatz im Camp Paklina
Oben rechts: Windgezauster Hafer
Unten: Bora-Wolken an der Küste vor Hvar

einsam liegenden Restaurant Konoba Stori Komin (43.16890, 16.50265; Tel. +385 91 527 6408) ein.

In der Konoba ist durchaus etwas geboten. Der Wirt Berti Tudor bereitet auf Bestellung die berühmte dalmatinische Peka zu. Das ist die ultimative kroatische Hausmannskost: Unter einem kuppelförmigen Deckel werden Oktopus, Lamm und Kalb zusammen gegart. Wir bekommen kleine Portionen zum Probieren vorgesetzt und sind von dem rauchigen Geschmack begeistert. Vom unvermeidlichen Sliwowitz zum Abschluss nehmen wir nur ein Schlückchen, schließlich liegt der Downhill zum Camp noch vor uns.

Hvar ist ein tolles Klettergebiet und das Dorf Sveta Nedjelja als Ausgangsort ideal. Mehr Infos gibt es beim Kletterspot Cliffbase: cliffbase.com

IM NERETVA-DELTA BEI PLOČE

Der Abschied von der Insel Hvar fällt nicht leicht, aber wir wollen noch weit in den Süden. Zunächst erkunden wir das wunderschöne Neretva-Delta: Überall reihen sich einfache Bauerndörfer, wie an der Schnur gezogen, entlang der Kanäle und des Flussufers. Zwischen der Hafenstadt Ploče und der lang gestreckten Halbinsel Pelješac zieht sich ein schmaler Meeresarm, eng wie ein Kanal, aber von der Natur geschaffen.

**Standplatz am Meer bei Komin:
GPS: 43.019167, 17.445556
Sehr abgelegen auf einem Sporn, in der Nähe ist ein Kitespot mit Bar.**

Um zu unserem Zielhafen Trpanj zu gelangen, überqueren wir die Meerenge vor Ploče ganz traditionell mit der Fähre. Neuerdings kann man gegen Gebühr auch die gigantische Brücke nehmen. Dieses Bauwerk hat die kroatische Regierung in Auftrag gegeben, um eine direkte Verbindung zum südlichen Landesteil zu schaffen. Auch Reisende auf dem Weg nach Dubrovnik müssen so nicht mehr zwingend durch Bosnien.

PURE NATUR AUF PELJEŠAC

In Trpanj angekommen, fahren wir mit unserem Van gleich zum nahen Mini-Campingplatz Vrila. Der ruhige, von einigen Palmen beschattete Ort am Wasser ist toll zum Schwimmen und Ausspannen. Nachts können wir die Schakale in den Bergen heulen hören. Der Chef des Platzes erklärt uns am nächsten Morgen, dass diese Tiere mittlerweile wieder auf der Halbinsel heimisch sind.

**Camp Vrila
Luca 27, 20240 Trpanj,
Tel. +385 98 225675,
campingvrila.com
GPS: 43.003465, 17.285012**

Tags darauf durchqueren wir die Halbinsel Pelješac auf der 414 und 415, fahren an Korčula vorbei und über die Berge. Kurz hinter dem hübschen Salzlagunendorf Ston erreichen wir die Küstenstraße Nr. 8 Richtung Dubrovnik. Wir machen viele Pausen an dieser herrlich durch die Steilküste geführten Trasse und biegen in Zaton auf den gemütlichen Campingplatz ab. Er liegt im Garten einer alten Villa, unter schönen Bäumen, direkt vor dem Dorfstrand. Von der nahen Küstenstraße lassen wir uns heute nicht stören, zumal die hübsche Atmosphäre mit den kleinen Bars, Restaurants und bunten Bootsanlegern alles aufwiegt.

Camp Polje Zaton
Obala Stjepana Radica 51–55, 20235 Zaton, Tel. +385 91 5263199
GPS: 42.700886, 18.042110

ADRIAPERLE DUBROVNIK

Wir wissen, dass ein Besuch dieses einzigartigen Stücks adriatischen Weltkulturerbes nicht einfach ist, denn viele andere Besucher wollen es uns gleichtun. Also sind wir erst sehr spät am Nachmittag vor Ort und hoffen, dass viele Tagesgäste den schönen Ort um diese Zeit schon verlassen haben. Es klappt: Gegen fünf Uhr nachmittags ziehen wir ein Ticket für den Gang entlang der gewaltigen Stadtmauer und können uns recht frei bewegen. Die Blicke über die Dächer, in die Innenhöfe und auf den kleinen, östlich gelegenen Hafen der alten Stadt sind wunderbar.

Als der Sonnenuntergang naht, steigen wir durch eine Mauerlücke zur westlichen Meeresseite hinab auf eine Steinplatte direkt am Wasser, zum Blaze Beach. Auf der Mauer hat sich die Buža Bar eingenistet. Die Betreiber wissen, dass dies der perfekte Platz zum Feiern des Sunsets ist. Unten aber können wir unseren eigenen Wein aufmachen, um den Sonnenuntergang zu feiern. Und wir bekommen Gesellschaft. Ein Vater mit Familie bietet uns Sliwowitz an. Sie wohnen gleich oben am Hang und haben Verwandte in Süddeutschland.

Buža Bar
Crijevićeva ulica 9,
Tel. +385 98 361934, buzabar.com
GPS: 42.639160, 18.108673

NACH MONTENEGRO

Der nächste Tag bringt uns über eine neue Grenze. Diesmal mit etwas Wartezeit, denn jetzt kommt der außereuropäische Balkan. Montenegro, so erscheint es uns, ist immer noch ein ziemlich unbeschriebenes Blatt im touristischen Gedächtnis der Nordeuropäer, zumal dieses Land erst vor 16 Jahren seine Unabhängigkeit erlangte. Die Mehrheit der im »Land der schwarzen Berge« Erholung suchenden Touristen kommt aus Regionen östlich des Balkans. Wir erkunden diesmal aber nicht die nördlichen Gebirge dieses tollen Landes, sondern die adriatische Küstenlinie. Hier finden wir kleine Straßen und einsame Uferregionen, wo es – außerhalb der Hochsaison – ein Genuss ist, am Van zu picknicken, zu baden und auch mal über Nacht frei zu stehen.

DIE BUCHT VON KOTOR

Unsere erste Station ist der Fjord von Kotor, der einzige des Mittelmeeres. Tief eingeschnitten ins Gebirge liegt er da, mit einer Silhouette, die an Norwegen erinnert – nur eben mit viel wärmerem Klima gesegnet. Wir überqueren den Fjord mit der Fähre und erreichen das Autokamp Kascelan in Stoliv. Die Plätze verteilen sich auf schmalen Terrassen über dem Wasser. Wir richten unseren Standplatz ein und genießen den tollen Blick über die See. Am Abend laufen wir ein paar Schritte zur steinernen Platte am Ufer, springen kopfüber ins kühle Nass und schwimmen weit hinaus.

Zur Stadtbesichtigung Kotors geht es auf einer winzigen einspurigen Straße (Vorsicht, mit breiten Wohnmobilen gibt es bei Gegenverkehr viel zu rangieren!). Die schmalen Dörfer unter den Steilhängen des Gebirges strahlen trotzt des Verkehrs Ruhe und Gelassenheit aus und alles wirkt wie in den 1960er-Jahren.

Autokamp Kascelan
Donji Stoliv, 85330 Kotor,
Tel. +382 32 336551
GPS: 42.472463, 18.704577

In Kotor, einer grandiosen, uralten Stadtanlage, legen auch Kreuzfahrtschiffe an. An der Bucht gegenüber der Altstadt befinden sich das ansprechende Terrassenrestaurant Galion und das Gebäude der Jugooceania, der Marine-Universität aus jugoslawischer Zeit. Heute wird das verlassene Gelände mit den schönen Kaianlagen von der Jugend als Badeplatz genutzt.

Restaurant Galion
uranj bb, 85330 Kotor,
Tel. +38267263420, galion.me
GPS: 42.422660, 18.769420

260 Meter über der Stadt klammert sich die Burg San Giovanni an den Fels. Wir wollen etwas für unsere Kondition tun und klettern den steilen Zickzackweg hinauf. Oben erfreuen wir uns am gewaltigen Blick auf Meer und Berge.

Am Abend fahren wir zum Fort Gorazda (42.395825, 18.762954). Von der alten Bunkeranlage blickt man weit über die Bucht von Tivat und die Halbinsel Luštica. Auf dem Weg bewältigen wir steilste Auffahrtsrampen und Spitzkehren, bis wir auf 450 Meter Höhe ankommen. Nichts für große Wohnmobile, aber der richtige Platz, um einen spektakulären Sonnenuntergang zu beobachten. Man könnte hier sehr gut auch eine Nacht im Van verbringen und am nächsten Morgen zu einer Wanderung in den Lovćen-Nationalpark mit dem 1657 Meter hohen Gipfel Jezerski aufbrechen. Doch wir sind mit Freunden in Stoliv verabredet und tasten uns in der Dunkelheit wieder hinab zum Fjord.

Sonnenuntergang über Montenegros Fjord bei Kotor

AUF DER HALBINSEL LUŠTICA

Diese lang gestreckte, naturbelassene Halbinsel ist ein Juwel: tolle Vegetation, abgelegene Badebuchten und Felsküsten, die zum Wandern einladen. Wir rollen auf kleiner Straße vom nördlichen Ufer der Halbinsel zur südlichen Kante, immer der Beschilderung »Veslo Camp« folgend. Bald wird die anfangs üppige Vegetation spärlicher, aber die Kargheit der Landschaft und die Abgeschiedenheit haben ihren eigenen Reiz. Um den Campingplatz Begović herum gruppieren sich viele Bäume, Pinien und Agaven spenden Schatten. Wir finden einen tollen Platz mit Blick aufs Meer und richten uns für vergnügliche Badeabenteuer ein. Mit griffigen, stabilen Badeschuhen ausgerüstet, klettern wir entlang der Küste über die schroffen Klippen und finden einsame Buchten zum Schwimmen und Schnorcheln.

Kamp Begović
Rt Veslo, Tel. +382 69 340430
GPS: 42.367624, 18.611323

MEERESBUCHT MIRIŠTA

Nach zwei Tagen im netten Kamp Begović fahren wir über kleine Sträßchen zur Westseite der Halbinsel. Es geht über einen hohen Pass und dann steil hinab zur Mirišta-Bucht. Vor dem gleichnamigen Restaurant finden wir einen akzeptablen Naturparkplatz, auf dem wir uns nach Absprache mit dem Betreiber einrichten. Am Abend sitzen wir auf der Terrasse und bestellen Muscheln, eine Spezialität des Hauses. Vor uns, mitten im superblauen Wasser der Bucht, schwebt Mamula, eine winzige Insel mit historischer Festungsanlage. Warum aber schmücken Baukräne das schöne Eiland? Miro Janković, Chef des Hauses, erklärt es uns: Der Platz wurde jüngst von saudischen Investoren gekauft und sie lassen dort ein Traumhotel errichten.

Restaurant Mirišta
Luštica b.b, Mirišta,
Tel. +382 69 515485
GPS: 42.395744, 18.579321

Am Arza-Strand gibt es einen freien Standplatz, erreichbar über eine kurze Piste.
GPS: 42.391830, 18.573200

BUDVA UND BAR

Bald fahren wir über die gut ausgebaute M2.4 weiter nach Süden. An Budva und Bar, den bekannten Partystädten, rollen wir vorbei. YouTube-Videos haben uns gelehrt, dass sich hier viele junge Leute, vor allem aus Osteuropa, zum Abfeiern treffen. Wir finden abseits der touristisch perfekt erschlossenen Meilen in der Nähe von Buljarica einen schönen Platz am Wasser und verbringen dort einen ruhigen Abend. Am nächsten Morgen baden wir ausgiebig und laufen dann ein Stück auf dem Wanderweg entlang der malerischen Küste nach Norden zum Nachbarstrand Plaža Lučica.

Freier Standplatz am Wasser (schmale Zufahrt!) bei Buljarica:
GPS: 42.182500, 18.970556
Nicht weit entfernt gibt es einen Campingplatz: Buljarica Camping, Tel. +382 69 082569, buljarica.camp

VOLKSBAD ULCINJ

Unsere letzte Station ist die sehenswerte südlichste Badestadt Montenegros. Das übersichtliche Zentrum Ulcinjs – einfache Häuser mit roten, türkisch anmutenden Dächern – gruppiert sich auf sanften Hügeln hoch über der Badebucht Mala Plaža. Mehrere Minarette bezeugen die sittliche Vorherrschaft der muslimisch-albanischen Volksgruppe. Unten am Strand treffen sich im Sommer alle möglichen Leute: Familien aus Serbien, Tschechien, Polen und Ungarn. Uns wird erzählt, dies sei der Balkan-Familienbadestrand par excellence. Und uns gefällt die Stimmung ungemein: nichts schöner, als am Abend auf der Strandmauer zu sitzen und dem bunten Menschengemisch beim Flanieren zuzusehen.

Auf einer baumbestandenen Anhöhe mit großem Parkplatz, südlich des hübschen Stadtstrandes Mala Plaža, hat der Chef des kleinen Budenrestaurants Ke Muji Tische und Stühle aufgestellt. Es gibt keine Speisekarte, sondern das, was Vater und Sohn selbst aus dem Wasser holen: tollen Fisch aus dem nahen Meer. Gleich beim Restaurant ragt eine Gruppe enormer Felsen über dem Meer auf. Hier legen wir uns in die Sonne, klettern in den Felsen und baden im klaren Wasser. Am Nachmittag gesellen sich Jugendliche aus Ulcinj zu uns. Sie messen sich im Kopfsprung von den höchsten Rampen und machen auf uns und die zuschauenden Mädchen großen Eindruck. Später genießen wir den Sonnenuntergang mit Gesangsbegleitung des Muezzins.

Restaurant Ke Muji
Steva Dakonovica Cice,
Tel. +382 69 616125
GPS: 41.921108, 19.204884

DUNKLE SCHÖNHEIT VELIKA PLAŽA

Im Süden Ulcinjs wird die Landschaft flach. Hier zieht sich ein riesiger, in der Hauptsaison gut besuchter Sandstrand 13 Kilometer nach Süden: Velika Plaža. Viele Camps, freie Stellplätze und private Strandclubs finden sich dort.

Der Strand endet am Delta des Grenzflusses Buna, gegenüber liegt schon Albanien. Sein Sand ist von wirklich feiner Konsistenz und dunkel, fast schwarz. Angeblich hat er heilende Wirkung, weil er leicht radioaktiv ist: Er enthält kleine Mengen Uran, Thorium und Radium.

Hills Camping, Velika Plaža,
Tel. +382 69 101004
GPS: 41.901776, 19.273681
Freie Standplätze am Kitebeach Dolcinium:
GPS: 41.877022, 19.326921

Am Ufer der Skipetaren

Glücksmomente

Wir spazieren vom wunderbaren Standplatz am Zvernec Beach nach Norden und beobachten in der Abendsonne die Vögel über dem Vjosa-Delta.

TOURENLÄNGE
Rund 250 Kilometer

START UND ZIEL
Von Durrës nach Butrint

MONTENEGRO
KOSOVO
NORD-MAZEDONIEN
GRIECHENLAND
Adriatisches Meer
Kotor
Podgorica
Cetinje
Theth
Gjakovë
Gjilan
Liq.i Fièrzës
Drin
Koplik
Prizren
Shkodër
Bar
Pukë
Kukës
Tetovo
Skopje
Lezhë
Rrëshen
Gostivar
Laç
Peshkopi
Krujë
Vorë
Standplatz Julton Hotel
Durrës
Tirana
Prilep
Kavajë
Struga
Ohridsee
Ohrid
Elbasan
Lin
Bitola
Lushnjë
Prespasee
Pogradec
Fier
Berat
Maliq
Patos
Korçë
Zvernec Beach
Vlorë
Kastoriá
Standplatz an der Wassermannbucht Gjiri i Akuariumit
Lapani
Këlcyrë
1027
Tepelenë
Llogara-Pass
Dhermi
Pilur
Poliçan
Gjipe Beach
Jalë
Himarë
Standplatz Sea & Sun
Porto Palermo
Lukova Beach
Sarandë
Jorgucat
Standplatz am Lukova Beach
Restaurant Pasqyra
Butrintisee
Ksamil
Butrinti
Standplatz am Ostufer des Butrintsees
Ioánina
Paleokastrítsa
Korfu
Konispol
Sagiáda
Korfu
Igoumenítsa
N
0
25 km

Gösser
FRESH JUICE
LENG SHALQI
L-160
XL-180
LENG PJEPER
L-160
XL-180

BANK
TKZ

ALBANIENS GOLDKÜSTE

Blaue Flüsse, schwarze Muscheln, rote Reiher

Die Uferlandschaft des südlichen Albanien bietet viel Abwechslung: Wir entdecken ein stilles, abgelegenes Flussdelta mit weitläufigem, flachen Sandstrand, klettern auf schmalen Wegen entlang der Steilküste und kampieren an einer türkischen Seefestung. Nicht zuletzt besichtigen wir ein antikes Amphitheater, gelegen inmitten einer hübschen Lagunenlandschaft.

HAUPTSTADTBESUCH IN TIRANA

Startpunkt unserer Tour entlang der albanischen Südküste ist die Hafenstadt Durrës. Hier legen viele Fähren an und bringen Besucher vom italienischen Bari herüber. Den Norden des Landes mit seinen interessanten Bergregionen zu erkunden, wäre eine eigene Reise wert. Wir lassen die alpinen Highlights aus und suchen schöne Plätze zum Baden und Wandern im Süden. Doch zunächst besuchen wir die nur 40 Kilometer entfernte Hauptstadt Tirana.

Wir nehmen die viel befahrene Autobahn und stoppen vier Kilometer vor der Stadt am Julton Hotel. Unseren Bus stellen wir sicher im abgeschlossenen Hof des Hauses ab. Hier können wir übernachten und die Dusche und Toiletten benutzen. Direkt vor dem Tor halten die Busse zum Zentrum und der freundliche Besitzer Toni gibt uns Tipps für unser Tirana-Sightseeing.

Oben: Vor Tiranas Radio Bar
Unten: Treffpunkt Pyramide

Sicherer Standplatz im Hotelhof des Julton Hotel:
Rruga Bylis 4, 1053 Domje,
Tel. +355 69 6448675, facebook.com/Jultonevents
GPS: 41.3593, 19.7329

Tirana hat sich in den letzten Jahren zum Zentrum eines ganz eigenen Jugendtourismus entwickelt. Viele Backpacker aus den östlichen Ländern des Balkans besichtigen das alte Blloku-Viertel, wo schon zu Zeiten des Staatschefs Enver Hoxha die Kulturschaffenden des Landes wohnten. Heute reiht sich dort ein hippes Café ans nächste und es ist eine Freude, das Leben auf den Straßen und die alte, italienisch angehauchte Architektur zu betrachten. Ein kultiges Lokal ist die Radio Bar, die wie ein kleines Museum mit Hinterlassenschaften der albanischen Vergangenheit vollgestellt ist: Alte Sofas, Schreibtische, Bilder, Radios, Telefone, Bücher und Zeitungsausschnitte bezeugen den Stil längst vergangener Zeit.

Radio Bar Tirana
Rruga Ismail Qemali, 1000 Tirana,
radiobar.al
GPS: 41.320219, 19.814900

Viele junge Besucher treffen sich vor und auf der berühmten Pyramide (41.323880, 19.821493) am Hauptboulevard Bajram Curri. Das Kultgebäude wurde einst zum Gedenken an Enver Hoxha errichtet. Dann aber stürmte die Stadtbevölkerung das Mausoleum und demontierte nicht nur die Marmorplatten. Bis jetzt gab es viele Versuche, das als Instagram-Background sehr beliebte Ungetüm in alternativen Funktionen zu nutzen. Nichts wollte so recht gelingen.

Sehr informativ ist ein Besuch des staatlichen Museums für albanische Geschichte. In einer gut bebilderten Ausstellung führen wir uns hier die Vergangenheit des Landes vor Augen. Nicht schlecht, auf der bevorstehenden Reise zu wissen, welche Zeiten die Menschen hinter sich haben.

Historisches Nationalmuseum Tirana
Sheshi Skënderbej 7, 1001 Tirana,
Tel. +355 4 2223977, mhk.gov.al
GPS: 41.329165, 19.816053

NATURPARADIES ZVERNEC BEACH

Nach so viel Stadtatmosphäre wollen wir es ruhiger angehen und fahren über die A1, wieder an Durrës vorbei, nach Vlorë. Kurz vor der Stadt beginnt der bestens ausgebaute Abschnitt der Autobahn. Wir rollen bis zur ersten Verkehrsinsel vor Vlorë und biegen nach rechts auf die Rruga Nikolai Xhuveli ab. Das Sträßchen führt nach Westen und – nicht erschrecken – am Ölhafen Porti i Peshkimit vorbei. Danach erreichen wir das äußere Meeres-Vorland von Vlorë. Erst ab dem Dörfchen Zvernec, an einer von Pinien beschatteten, schmalen Straße gelegen, hat die Natur das Sagen. Hier zeigt sich endlich das Meer: rechter Hand flaches Wasser, Schilf und Tausende von Vögeln.

Dann kommt das riesige Mündungsdelta des Vjosa-Flusses in den Blick: Freilaufende Kühe stehen auf den Wiesen und auch schwarze und rote Reiher, die nach Futter suchen. Am Ende der Landzunge öffnet sich die Bucht und wir rollen über festen Sand

Oben: Wandern am Zvernec Beach
Unten links: Badestrand in Himare
Unten rechts: Standplatz am Lukova Beach

auf den herrlichen Sandstrand. Er bildet einen perfekten, nach Westen in Richtung der Abendsonne geöffneten Bogen.

Zvernec Beach am Vjosa-Delta bei Vlorë:
GPS: 40.524999, 19.389752

WANDERUNG ZUM VJOSA-DELTA

Auch wenn am Zvernec Beach etwa 20 Camper-Autos stehen: Es ist Platz genug für viele Campervan-Traveller, wenn sie sich die Meeres-Einsamkeit behutsam teilen. Wir genießen die magische Atmosphäre – das Licht, das blinkende Meer, die endlos wirkende Sichel des gelben Sandes – und schauen am Abend andächtig nach Westen, als der Sonnenuntergang den Himmel ins Kitschige färbt. Wie schön, dass dieser Platz noch wie vergessen wirkt: Es ist der letzte Strand Albaniens, wo kein Sonnenschirmverleih, keine Kette von Bars und kein Parkplatz die Küste ziert. Um das zu genießen, wandern wir zu Fuß am Meer entlang bis ganz nach Norden, wo die Vjosa ihre blauen Fluten ins Mittelmeer ergießt.

Von den einheimischen Anglern allerdings erfahren wir am nächsten Morgen, warum diese Bucht sich selbst überlassen bleibt: Regierungschef Edi Rama plant, so heißt es, den kürzlich vollendeten Umbau der nahen Stadt Vlorë in ein modernes, gepflegtes Seebad durch einen brandneuen Flughafen zu ergänzen. Wie sehr das den Frieden an unserem Lieblingsplatz stören wird, ist nicht gewiss.

AUF DEN LLOGARA-PASS

Es geht von Vlorë aus über die SH8 weiter nach Süden und bald steil hinauf über grüne Hänge, dann durch Serpentinen auf den Llogara-Pass. Oben eröffnet sich mit einem Mal ein wahrlich gigantischer Blick: Vorn das Gemäuer einer alten, von Graffiti bedeckten Kaserne, im Osten erhebt sich über uns das Çikës-Gebirge, unten sehen wir den Strich der Küstenstraße und die endlosen Strände der Region Dhërmiu Beach.

Ab hier zeigen die steilen Hänge einen eigentümlichen Charakter. Sie sind terrassiert und tragen massenhaft Olivenbäume, denn in den 1970er-Jahren sollte hier die erste großflächige Ölproduktion des Landes aufgebaut werden. Wie es scheint, hat das bis heute Erfolg, wenn auch unter anderen ökonomischen Voraussetzungen. Manche der alten Küstendörfer, noch vor zehn Jahren wahre Ruinenplätze, präsentieren sich jetzt restauriert und strahlend weiß getüncht.

URSPRÜNGLICHER GJIPE BEACH

Ein wahres Juwel und typisches Beispiel für die naturbelassenen Küstenformationen Südalbaniens ist Gjipe Beach. Um zum Strand zu kommen, biegen wir wenige Kilometer hinter Dhërmi von der SH8 in ein schmales Sträßchen ab und rollen zu einem Parkplatz oberhalb der Steilküste. Hier zahlen wir einen Obolus an den Wächter, damit unserem Bus nichts passiert, und wandern auf der Piste ans Wasser hinab. Das dauert etwa eine halbe Stunde. Die Sache mit unserem 4×4-Camper abzukürzen, wäre nicht unmöglich. Angesichts des brutalen Zustands des felsigen Weges lassen wir das aber lieber sein.

Bald erreichen wir die herrliche Sandbucht und setzen uns erst mal in eins der Cafés. Noch hat dieser Ort, zumindest außerhalb der Hochsaison, seinen ursprünglichen Charakter bewahrt. Zum Meer hin öffnet sich hinter uns ein riesiger Canyon mit Kletterwänden aus rotbraunem Gestein. Hier könnten auch wir uns mit Seil und Karabiner versuchen, doch heute ziehen wir es vor, nur ein Stück auf dem tollen Küstenwanderweg Richtung Livadi Beach zu laufen.

Erste Adresse, um in den Felsen am Gjipe-Strand zu klettern: Kletter-Camp Gjipe Eco Campground, Tel. +355 699305002 GPS: 40.127313, 19.669287

Die Nacht wollen wir in der Nähe des Nachbarortes Jalë auf einem freien Standplatz am Meer verbringen. Dieser Spot ist nur mit 4×4-Fahrzeugen zu erreichen. Wir tasten uns hinter Jalë auf sehr schmaler Piste durch die Macchia in die sogenannte Wassermannbucht und richten uns gemütlich am kleinen Kieselstrand ein. Und wir haben Glück: Außer uns ist niemand an diesem fantastischen Ort zu sehen und wir können am Morgen ganz allein im kristallklaren Wasser schwimmen.

Standplatz an der Wassermannbucht Gjiri i Akuariumit: GPS: 40.1134, 19.7112 Am Wochenende kommen viele Einheimische mit Offroad-Vans.

SYMPATHISCHES HIMARË

Nächste Station auf unserer Fahrt nach Süden ist Himarë, eine chaotisch bebaute, sympathische kleine Stadt mit regem Strand- und Nachtleben, die mittlerweile Jugendliche aus aller Welt anzieht. Hier gibt es viele hippe Strandbars, manche von österreichischen Jungunternehmern errichtet und betrieben. Wir setzen uns an die Theke der tollen Bar Rescue At The Beach, hören Musik und schauen dem Wasserballspiel der starken Jungs zu, die hier ihre Kräfte zeigen.

Rescue At The Beach SH8 nahe dem Zentrum, Tel. +355 68 6600000 GPS: 40.098986, 19.751361

Als am Abend der Hunger kommt, wechseln wir auf die herrliche Terrasse der Taverna Stolis (40.095366, 19.755395) und bestellen geschmortes Lamm im Tontopf. Es ist sehr gut zubereitet und von bester Qualität – wirklich ein guter Ort, um einen gemütlichen Abend am Meer zu verbringen. Unseren Standplatz für die Nacht beziehen wir erst in der Dunkelheit und ganz in der Nähe vor dem kleinen Hotel Sea & Sun am Ende einer Sackgasse. Am Morgen ist es

hier herrlich ruhig, sodass wir gelassen am Ufer frühstücken und noch ein Bad nehmen können.

**Standplatz für die Nacht vor dem Hotel Sea & Sun in Himarë:
GPS: 40.090991, 19.754429**

AUSFLUG INS BERGDORF PILUR

Für einen Ausflug fahren wir hoch über Himarë auf der ex SH8 ins Bergdorf Pilur. Das ist eine schöne, alte Siedlung, die zeigt, wie die Bauern hier noch vor einigen Jahrzehnten gelebt haben. In den letzten Jahren drohten die alten Häuser zu verfallen, weil alle Einwohner wegzogen oder gar, wie viele andere Albaner, auswanderten. Heute bekommen die Verbliebenen Gelder von verschiedenen Institutionen, damit sie ihr Dorf wieder instand setzen und für Projekte des nachhaltigen Bergtourismus herrichten können. Es gibt wieder ein Café, einige Fremdenzimmer und gut markierte Wanderwege ins nahe Ceraunische Gebirge.

Dhermi Beach: Saison zu Ende

**Wer rings um Pilur wandern will, parkt am besten am Bar-Restaurant Pilur Merkuri.
GPS: 40.130018, 19.773984
Mehr Infos zu Wanderungen nach oder bei Pilur findet ihr hier: trailforks.com/trails/pilur-access-road**

BADEN IN PORTO PALERMO

Wir kehren zurück zur Küstenstraße SH8, fahren weiter nach Süden und halten am schönen Badestrand von Porto Palermo (40.062639, 19.794083). Er schmiegt sich perfekt in die wunderbare Küstenlandschaft und bildet eine Konterbucht mit schmaler Hafenmole. Hier legen wir unsere Badetücher in den Sand, schauen in die Sonne und auf die Innenseite der Bucht, wo ein dunkler, gut bewachter Zugang zu alten U-Boot-Bunkern übers Wasser starrt. Zur offenen Seeseite hin geht der Strand in eine kleine Insel über, auf der ein von den türkischen Herrschern errichtetes Kastell thront.

HIPPIE-FEELING AM LUKOVA BEACH

Wieder auf der bergigen Küstenstraße SH8, können wir tolle Blicke auf immer neue kleine Badebuchten werfen. Interessant wären die Strände Borshit und Bunec. Doch wir fahren vorbei, denn Freunde haben uns mit dem Lukova Beach einen Tipp gegeben. Kurz hinter dem großen Hotel Paradise Lukova an der SH8 biegen wir daher nach rechts auf eine schmale Piste und erreichen bald eine Kuhweide mit altem Olivenbaumbestand, die sich bis ans Meeresufer zieht. Wunderbar finden wir, dass es hier noch keine Hotels gibt. Alles ist provisorisch: Im Schatten verfallener Bunker spielen ein paar

Männer Karten, im Süden sehen wir einige kleine, aus Treibholz errichtete Bars, die vom Hochbetrieb in den Sommermonaten zeugen. Dann ist die Bar Paradise Beach Mittelpunkt des berühmten Festivals »The Element«, hören wir, zu dem Hunderte von Fans anrücken und die Wiesen in einen Zeltplatz verwandeln. Jetzt aber ist alles friedlich hier, sodass wir einen stillen Abend am Ufer verbringen und in aller Ruhe kochen und baden können.

Freier Standplatz am Lukova Beach:
GPS: 39.974209, 19.913129

ROMANTIKSPOT PASQYRA BEACH

Einige Tage später fahren wir an der größeren Touristenhochburg Sarandë vorbei, biegen auf die SH81 ab und fahren auf die Landzunge zwischen dem Ionischen Meer und dem riesigen Butrint-Binnensee. Diese Salzwasserlagune, in der Muschelzucht betrieben wird, hat eine Fläche von etwa 16 Quadratkilometern und ist über den Vivar-Kanal bei Butrint mit dem offenen Meer verbunden. Dort werden wir uns später umschauen. Jetzt biegen wir rechts auf eine Piste, queren eine staubige Siedlung und rollen durch Spitzkehren steil hinab an den Pasqyra Beach.

Es empfängt uns ein felsiger Strand-Parkplatz, auf dem eine Menge Autos parken. Wir ergattern ganz vorn einen Platz für unseren Bus und bekommen von Feta Merka, dem Chef des Restaurants nebenan, die Erlaubnis, über Nacht hier zu campen. Natürlich bestellen wir für den Abend ein Muschelessen auf seiner tollen Terrasse.

Unser Übernachtungsplatz direkt am Meer: Restaurant Pasqyra,
Tel. +355 69 2393129
GPS: 39.804218, 20.005688

Am späten Nachmittag verlassen die meisten Badegäste den Parkplatz und unser Stand wird zu einem gemütlichen Ort, zumal wir für zehn Euro die Toiletten und die Dusche des Restaurants benutzen können. Vor dem Essen erkunden wir noch die spektakuläre Steilküste und erklimmen den Hang über dem Strand: Von oben genießen wir den gigantischen Blick über das im Gegenlicht glitzernde Meer auf die zum Greifen nahe Insel Korfu. Nichts aber ist schöner als unser Abendessen im romantischen Licht über dem dunklen Meer: Die Muscheln schmecken hervorragend, der Wein ist gut und der Mond schickt Silberstreifen über das Wasser.

BESUCH DER RUINENSTADT BUTRINT

Zwei Tage später queren wir die lebhafte Stadt Ksamil mit ihrem turbulenten, ganz für die zahlreichen Touristen hergerichteten Zentrum. Sehenswert ist das alles, kleine Badebuchten und hübsche Muschel-Restaurants verbreiten eine gemütliche Atmosphäre. Wir aber rollen nach einer kurzen Kaffeepause weiter zum berühmten, stets gut besuchten Ruinengelände Butrint mit riesigem Parkplatz. Es ist Mitte der Woche und wir haben das Glück, mit nur wenigen anderen Besuchern durch das inspirierende Areal wandern zu können. Der Turm bietet einen herrlichen Ausblick über die Lagune, den angrenzenden Kanal und die weite Ebene – bis nach Griechenland. Ganz besonders hat uns natürlich das gut erhaltene Amphitheater gefallen.

Nationalpark Butrint
Parku Kombëtar Butrint, SH81,
Tel. +355 4 2225068, butrint.al
GPS: 39.745401, 20.018144

Nach unseren Einblicken in jahrtausendealte Geschichte wollen wir auf die andere Seite des Vivar-Kanals wechseln, wo eine massive türkische Ruine die Stellung hält. Ganz einfach ist das Unterfangen allerdings nicht, denn hier wartet nun der echte Balkan. Wir müssen unseren Bus einem wüst zusammengeschusterten Seilzug-Ponton anvertrauen, der hier als Fähre Dienst tut. Alles, was vier Räder hat und herüber will, muss sich auf die schwankenden Planken des Ungetüms begeben: kleine Autos, mit Kühen beladene Pick-ups, Fuhrwerke und riesige uralte Autobusse. Auf der südlichen Seite beginnt das Nichts. Es erstreckt sich bis ins etwa neun Kilometer entfernte Dorf Konispol – zum Grenzübergang nach Griechenland.

EINSAME LAGUNE KALIVOJ

Wir lassen uns übersetzen und rollen über schmale Wege und Pisten auf die östliche Seite der Lagune. Etwa sechs Kilometer sind es durchs Dorf Xarrë und bis zum einsamen Strand mit dem Mini-Restaurant Kalivoj. Als wir den herrlichen Platz in freier Natur erreichen, ist kein anderes Auto zu sehen. Vor uns liegt ein riesiger, leerer Ufersaum, nur ein paar Pferde grasen im Schilf. Hier gibt es keinen Strom und kein Trinkwasser. In die Kühlboxen des Restaurants legt der Wirt dicke Eisblöcke, die er regelmäßig in seinem uralten Mercedes herankarrt. Wir vertrauen ihm und bestellen ein Abendessen auf seiner idyllischen Terrasse. Der Fisch und die Muscheln schmecken hervorragend. Und am nächsten Morgen bestätigt sich: Wir sind wohlauf, alles war frisch und von bester Qualität.

Standplatz am Ostufer des Butrintsees: Restaurant Kalivoj,
Tel. +355 69 8729066
GPS: 39.756925, 20.049914

Drei Kaps auf einen Schlag

Glücksmomente

Abends am einsamen Kap Tenaro sehen wir, wie sich die Lichter der großen Schiffe mit den Sternen treffen.

TOURENLÄNGE
Rund 900 Kilometer

START UND ZIEL
Rundfahrt mit Startpunkt Patras

Agrinio
Mesolongi
Nafpaktos
Oxia
Patraikos Kolpos
Akr. Araxos
Patras
Egio
Akr. Andromachi
Akr. Nikolas
Akr. Agia
Kolpos Korinthou
Thiva
Kolpos Alkionidon
Megara
Kiato
Korinthos
Helmos 2341
Kyllini 2376
T. L. Pinios
Savalia
Ag. Triada
Kalyvia
Salamina
Saronikos Kolpos
Egina
Dervenakia
Angistri
Pirgos
Olympia
Alphios
Peleponnes
Argos
Nafplio
Kolpos Epidavrou
Poros
Tripoli
Zacharo
Kiparissiakos Kolpos
Neda
Megalopoli
Argolikos Kolpos
Akr. Korakas
Kolpos Idras
Kalo Nero
Akr. Trikeri
Ydhra
Spetses
Leonidio
Camping Semeli Plaka
Poulithra
Akr. Bournias
Proti
Messini
Kalamata
Sparta
Rizomilos
Madara 1327
Standplatz am Divari Beach
Pylos
Messiniakos Kolpos
Standplatz am Skoutari Beach
Standplatz am Glyfada Beach
Standplatz am Vlychada Beach
Velopoula
Methoni
Koroni
Sapienza
Gythio
Akr. Vathi
Standplatz am Kastraki Beach
Shiza
Kap Akritas
Standplatz am Kalamaki Beach
Standplatz am Selitsa Beach
Lakonikos Kolpos
Areopoli
Akr. Xilis
Monemvasia
Kolpos Epidavrou Limaras
Demonia
Akr. Mountes
Standplatz vor dem Kap Tigani
Kap Tigani
Stand am Kap Tenaro
Gerolimenas
Gialia
Vathia
Porto Kagio
Kap Tenaro
Neapoli
Velanidia
Elafonisos
Akr. Spathi
Kap Malea
Standplatz an der Kirche Agios Miron
Kythira (Tsirigo)
Standplatz am Geopark Agios Nikolaos
Ionisches Meer
Akr. Kapelo
N
0
25 km

GRIECHISCHES FINGERSPIEL

Durch Messenien, die Mani und Lakonien

Die wild zerklüftete, riesige und in drei Fingern nach Süden ausfransende Halbinsel Peloponnes ist ein wahres Juwel für Campervan-Traveller. Hier findet man noch tolle freie Standplätze, einsame Badestellen, stille Wanderpfade in den Bergen und an den Küsten. Wir durchstreifen in einer Rundtour die drei Fingerspitzen: Lakoniens Kap Malea, die Mani mit dem Kap Tenaro und Messeniens Kap Akritas.

IN LAKONIENS KLETTER-MEKKA

Der erste Teil unserer Reise um den Peloponnes führt uns von Patras weit hinüber nach Osten, zur Küste Lakoniens. Markantester Punkt im Nordosten ist der 2374 Meter hohe Kyllini. Nach Süden schließt sich das Parnon-Gebirge an, 1940 Meter misst die Megali Tourla. Karstige Ausläufer dieses Massivs bilden die Steilküste des östlichen Fingers. »Land's End« ist Kap Malea mit seinem schönen Leuchtturm.

Gut zu wissen

NATURPARADIES PELOPONNES

Auf dem Peloponnes gibt es noch immer weite, fast unbesiedelte Regionen. Und auch der Tourismus hält sich in Grenzen: Richtig voll ist es nur im Juli und August. Wer aber ein bisschen vor oder nach der Saison unterwegs ist, entdeckt viel freien Platz: in Lakonien und der Mani sowie im Gebiet des bis zu 2400 Meter hohen Taygetos-Gebirges. Auch wenn wir vorzugsweise die Strände besuchen – interessant sind ebenso die berühmten Orte der griechischen Antike wie Olympia, Mystras, Epidauros, Mykene, Akrokorinth und Nemea. Wer Zeit hat, sollte also auch den ein oder anderen Ausflug zu diesen historischen Stätten unternehmen.

Leonidio: Roter Fels überm blauen Meer

Wir machen erst einmal Station im schönen Leonidio, einem Kleinod am Eingang zum Argolischen Golf. Hier ragt ein Canyon aus rotem Gestein über dem Fluss Dafnon in den Himmel: eine gigantische Schlucht, die sich mit ihren Riesenwänden vom Parnon-Gebirge zum Meer hin öffnet. Hier kann man wandern, klettern, mountainbiken, schwimmen – oder faulenzen.

Auf dem gemütlichen Campingplatz Semeli beim Hafendörfchen Plaka richten wir uns ein – unter Olivenbäumen und direkt am Meer. Panagiotis, der hier mit seinem Cousin die Geschäfte führt, gibt gute Tipps zu spannenden Unternehmungen. Vom Camp aus wollen wir biken und ein bisschen klettern. Um alle Möglichkeiten einmal auszuprobieren, müssten wir wochenlang bleiben. Also streichen wir das Programm zusammen und verausgaben uns in zwei von sportlichen Aktivitäten ausgefüllten Tagen.

Camping Semeli
Plaka bei Leonidio,
Tel. +30 2757 022995,
camping-semeli.gr/en
GPS: 37.149483, 22.892001

VLYCHADA-ZAUBER

Am dritten Tag brechen wir nach Süden auf und steuern den Bus über schmale Bergstraßen. Unser nächstes Ziel heißt Vlychada Beach – vielleicht der schönste Strand des Peloponnes. Die Hauptrichtung ist Monemvasia, ausgeschildert ist hier allerdings wenig. Das Navi hilft natürlich und führt uns bald steil hinab nach Osten. Früher war diese Trasse eine Piste, jetzt ist der Weg durch die Felsabbrüche geteert, zwar schmal und einspurig, aber fahrbar für alle Campervans und Wohnmobile. Unten am Ufer umschließen zwei Felsbarrieren eine türkisblaue Bucht mit feinem Kieselstrand und roten Felsen, die in der Abendsonne leuchten. Hier wollen wir klettern und ausgiebig im klaren Wasser schwimmen.

Standplatz am Vlychada Beach:
GPS: 36.858221, 23.037736

TRUTZBURG MONEMVASIA

Wir verlassen den Traumstrand und fahren über kleine Landstraßen weiter bis Monemvasia. Der schöne Hafenort gewinnt durch die berühmte byzantinische Festung Bedeutung. Sie gehörte eine Zeit lang den Venezianern und wurde 1715 an die Osmanen verkauft. Wir stellen den Bus im Hafen auf einen übersichtlichen Parkplatz und laufen herüber zur Burganlage. Durch ein großes Tor geht es hinein und schon sind wir in einer anderen Welt: Perfekt restaurierte Gassen, wehrhafte, in den Berg gehauene Mauern und Wohntürme künden von den Zeiten, als die Bewohner sich jeden

Oben links: Bergdorf Leonidio
Oben rechts: Der Leuchtturm am Kap Malea
Unten: Kletterfelsen am Vlychada Beach

Tag gegen Piraten verteidigen mussten. Wir klettern von der schmal am Fuß des Felskolosses klebenden Unterstadt hoch auf das Burgplateau – ein windiger Platz, der den Blick auf die Ostküste Lakoniens freigibt.

Standplatz am Kastraki Beach – unter Bäumen und mit Blick auf Monemvasia:
GPS: 36.729399, 23.027014

Nach langer Rast in einer der vielen Fischtavernen im Hafen steuern wir weiter nach Süden, über schmale Bergstraßen nach Nomia. Dann geht es über einen Pass in Richtung Westen bis Neapoli. Diese Fahrt ist atemberaubend: Man fährt oft an steilen Uferabbrüchen vorbei und hat immer wieder tolle Blicke auf das Meer. Auf die Ostseite Lakoniens gelangen wir über einen himmelhohen Pass. Die gewonnenen Höhenmeter verlieren wir dann wieder auf einem steilen, durch sehr enge Serpentinen führenden Bergsträßchen, das am Ende Velanidia durchquert.

LAKONISCHE BERGEINSAMKEIT

Kurz hinter diesem hübschen Ort mit seinen strahlend weiß gestrichenen Häusern biegen wir rechts auf eine Piste. Sie ist eng und steil, aber auch ohne Allradantrieb gut fahrbar. Es geht hinab zum Meer und bis zum Kirchlein Agios Miron. Hier hält die Besatzung des einzigen Bauernhofes ein paar Tiere auf kleinen, mit Steinwällen gegen den Wind gesicherten Wiesen.

Zwischen Piste und Abhang ist gerade genug Platz, um unseren Van abzustellen. Wir fragen die Bauern, ob wir bleiben dürfen. Die sagen nicht Nein und erdulden uns für eine Nacht.

Standplatz an der Kirche Agios Miron, Kap Malea:
GPS: 36.463556, 23.165833

Am nächsten Morgen, in klarer Meeresluft und bei prächtiger Sonne, packen wir sorgfältig den Proviant zusammen und machen uns auf zur dreistündigen Küstenwanderung Richtung Leuchtturm. Der Pfad ist gut ausgeschildert und immer leicht zu finden.

ZWEIMAL KAP MALEA

Unterwegs eröffnen sich tolle Blicke, rechts ragt das schwarze Gebirge in den Himmel, links schimmert das weite Meer. Am Horizont trägt es große Schiffe, die im Dunst der blassblauen See zu schweben scheinen. Den Leuchtturm haben die Lakonier wie eine Bastion in die Felsen gebaut, für uns ein perfekter Platz zum Picknicken. Erst mit aufkommender Dämmerung wandern wir zurück, erfüllt von der nach Kräutern duftenden Luft.

Am Tag darauf wollen wir früh zur gegenüberliegenden Seite des Kaps Malea. Also fahren wir den Weg durch Velanidia und über den Pass zurück nach Westen und erreichen das westliche Ufer Lakoniens. Hinter dem winzigen Hafendorf Profitis Ilias beginnt das wilde, völlig unbesiedelte, hier noch recht flache Gebirgsvorland. Jetzt im Frühjahr ist das einsame Gelände von Blumen übersät. Das Navi führt uns bis zum Ende der Fahrspur in den Geopark Agios Nikolaos, wo sich nach Norden, zum Inland, eine riesige, gut kletterbare Felsbarriere auftürmt.

Standplatz am Geopark Agios Nikolaos:
GPS: 36.440830, 23.141010
Ein Schild im geschützten Gebiet des Nationalparks verkündet neuerdings: »No Camping«!

Ein versteinerter Wald (Petrified Forest) ziert den tollen Badeplatz am türkisfarbenen Wasser: Agia Marina Paralia nennt sich dieser bildschöne Ort, wo wir nach unserer Wanderung ausgiebig baden wollen. Am Nachmittag brechen wir zum winzigen Kloster Agia Irini auf. Der Pfad ist sehr gut ausgeschildert, leicht zu finden und absolut lohnend. Wir genießen es, über spektakuläre Felsen zu laufen, Schiffe zu gucken, Möwen zu beobachten und dem Schlag der Wellen gegen die schwarzen Felsen zuzuschauen. Bei unserer Rückkehr steht der Bus so allein in der Landschaft, dass wir uns entschließen, die Nacht hier zu verbringen. Campen im weiteren Sinne wollen wir ja nicht.

Am nächsten Morgen geht es zurück in die Zivilisation und gleich in Agios Nikolaos legen wir eine Mittagsrast ein. Zu sehr lockt uns das hübsche Lokal Neraida – und es lohnt: Das Essen und der Terrassenplatz gefallen uns ausgezeichnet, sodass wir uns zwingen müssen, bald wieder aufzubrechen.

Restaurant Neraida
23053 Agios Nikolaos,
Tel. +30 2734 031227
GPS: 36.477646, 23.103928

AM GLYFADA BEACH

Diesen Tag wollen wir nutzen, um die weite Strecke entlang der westlichen Küstenstraße bis Gythio zurückzulegen. Wir rollen immer an der lakonischen Westküste entlang nach Norden, über Neapoli, Agii Apostoli, Demonia und Skala stets Richtung Gythio. Die Fahrt auf den engen Sträßchen verläuft gemütlich und bietet immer wieder tolle Aussichten. Kurz vor Gythio, der sehenswerten und geschäftigen Hafenstadt, biegen wir links zu unserem nächsten Nightspot am Ufer ab. Zwischen Schilfwäldern und ein paar Bäumen liegt ein passabler Platz für Wohnmobile und Campervans. Markantester Punkt dieses Ortes ist der gestrandete Dampfer »Dimitrios«. Schon seit Jahren rostet er hier am Glyfada Beach vor sich hin, das sportliche Treiben am riesigen Sandstrand stört der alte Kasten aber nicht: Man kann baden, auch windsurfen oder kiten, am Abend am endlosen Ufer entlanglaufen und die vielen Vögel beobachten.

Standplatz am Glyfada Beach bei Gythio:
GPS: 36.788763, 22.581739

Taverne Katsikaros »Agia Varvara«
Skoutari Beach, Tel. +30 2733 093346
GPS: 36.663250, 22.501083

Stiller Standplatz am Skoutari Beach auf der Betonmole:
GPS: 36.659667, 22.499861

UNTER PIRATEN

Die Halbinsel Mani bildet den mittleren Finger des Peloponnes und ist der nach unserem Geschmack interessanteste: Im Norden, westlich über der Provinzstadt Sparta, erhebt sich das Taygetos-Gebirge mit dem 2407 Meter hohen Gipfel Profitis Ilias. Von dort ziehen sich riesige graue und wild zerklüftete Felsen nach Süden bis zum windumtosten Kap Tenaro.

Wir starten für unsere Erkundungstour in Gythio und nehmen zuerst die östliche Seite der Mani in den Blick. Bald erreichen wir den bildschönen Skoutari Beach. Hier machen wir Rast, denn dort gibt es eine kleine Taverne. Am Wasser stehen blau gestrichene Holzstühle und Tische im Sand. Kein Mensch ist zu sehen, alles ist ruhig, nur die Wellen plätschern zu unseren Füßen. Eine Szene wie aus der Griechenland-Werbung, denken wir, es fehlte nur noch, dass Alexis Sorbas um die Ecke kommt. Es ist aber nur der Kellner und er bringt uns griechischen Kaffee und Bougatsa – griechisches Blätterteiggebäck mit Vanillecreme. Besser zu frühstücken, geht fast nicht.

Oben: Standplatz am Kap Tenaro
Unten: Mani-Bucht Gialia

Wieder unterwegs nach Süden, queren wir verwunschen wirkende Bergdörfer, in denen die Zeit stillzustehen scheint. Beeindruckt von der wilden Szenerie halten wir in Lagia und laufen durch die menschenleeren Gassen. Wir sehen Häuser, die wie Wehrtürme aussehen: vierkantig, himmelhoch, zumeist ohne Fenster. Von oben blicken dunkle Schießscharten auf uns fremde Besucher herab. Oberhalb des Dorfes dräuen große graue Felsen. Von unten leuchtet das nahe Meer. Es ist totenstill, nur der Wind rauscht durch die uralten Olivenbäume und über die Kakteen. Viele Bauten sind verfallen, einige aber sorgfältig renoviert. Wer wohnt in diesen geheimnisvollen Siedlungen? Nur auf dem Dorfplatz scheint es ein paar Menschen zu geben. Knorrige alte Männer hocken dort und lassen sich von der Sonne wärmen. Eine alte Frau in tiefschwarzen Kleidern huscht vorbei.

Im Kafenion aber wechselt die Stimmung: Der junge Besitzer bringt uns Haroupi zum Kaffee. Das ist ein Gebäck aus getrockneten Früchten des Johannisbrotbaumes, sehr lecker und nicht zu süß. Jetzt sind wir versöhnt mit diesem Ort. Was es mit den Turmhäusern auf sich hat, berichtet Patrick Leigh Fermor in seinem Buch Mani (Otto Müller Verlag, 2001): Die Bewohner bargen in diesen Gebäuden ihre auf dem Meer erbeuteten Reichtümer. Sie waren freie Piraten und widersetzten sich allen Eroberungsversuchen fremder Mächte. Heute, erzählt uns der Chef des Kafenions, lassen wohlhabende Nachfahren dieser Mani-Familien ihre Häuser renovieren – im Stolz auf den Geist der Unabhängigkeit.

AM ENDE EUROPAS

Wieder unterwegs, erblicken wir von oben den hübschen Hafenort Porto Kagio und rollen auf schmaler Straße zum menschenleeren, windzerzausten und kargen Kap Tenaro. Die schmale Zufahrt endet an einer kleinen Bucht, wo ein paar Häuschen und ein Kafenion die Zivilisation vertreten. Das ist immerhin der zweitsüdlichste Punkt Europas, denken wir uns, nur knapp geschlagen vom spanischen Tarifa. Der Bus wird auf staubigem, flachem Gelände geparkt, dann packen wir die Rucksäcke und sind schon auf dem Weg zum Leuchtturm. Ein verwittertes Schild verweist auf das nahe gelegene Todesorakel und den Eingang zum Hades. Jetzt auch noch die Unterwelt erkunden, wollen wir aber nicht. Lieber wandern wir in frischer Luft und guten Mutes ans Ende der Welt.

Fast zwei Stunden sind wir unterwegs. Die Luft ist lau und kaum bewegt. Schön, dass die Sonne gerade im Meer versinkt, als wir den Leuchtturm und das Ende Europas erreichen. Tief beeindruckt beobachten wir, wie der Faro sein Lichtbündel über das weite Meer und die dunklen Felsen kreisen lässt. Auf dem Rückweg im schwindenden Licht kommen wir im Schein unserer Stirnlampen gut voran, sitzen bald gemütlich vor unserem Bus und genießen eine gute Flasche Mythos-Bier.

Freier Stand am Kap Tenaro: GPS: 36.402083, 22.487194

MANIS WESTKÜSTE

Tags darauf starten in aller Frühe und fahren entlang der traumhaft schönen Küstenstraße nach Norden. Unter uns sehen wir wunderbare Buchten und einladende Dörfchen. Die wenigen, meist uralten Siedlungen mit ihren Turmhäusern fügen sich perfekt in die Landschaft. Bald taucht Vathia auf, das wohl berühmteste Bergdorf der Mani, hoch auf einem Felssporn über der Küste gelegen. Weiter geht es auf gewundener Trasse, immer wieder entdecken wir alte Siedlungen zwischen den Hügeln. Und alles ist grün: Olivenbäume, so weit das Auge reicht. Ganz bezaubernd finden wir Gialia Beach. Es ist ein stiller Platz zum Baden und liegt kurz vor dem herausgeputzten Hafendörfchen Gerolimenas.

Winziger Strand mit Blick auf alte Turmhäuser: Gialia Beach, GPS: 36.475028, 22.413694

KAP TIGANI

Als wir das verwunschene Dörfchen Kitta passieren, treffen wir Kiriakos an der Straße, einen freundlichen, gut Englisch sprechenden Mann, der gerade seinen Esel auf einen Platz mit fettem Gras treiben will. Er lädt zum Ouzo ein und zeigt uns sein altes Turmhaus. Wir machen also Rast und lassen uns ein bisschen über sein Leben als Fischer und Bauer erzählen. Von ihm erhalten wir auch einen guten Tipp: Nichts sei magischer, meint Kiriakos, als mit der aufgehenden Sonne ans Kap Tigani zu wandern. Gesagt, getan: Wir lassen uns vom Navi über schmale Pisten zum wunderbaren Standplatz an der Küste leiten, verbringen dort einen schönen Abend und brechen am nächsten Morgen zu einer neuen traumhaften Kap-Wanderung auf.

Standplatz vor dem Kap Tigani:
GPS: 36.531872, 22.366355

Startpunkt der Wanderung zum Kap Tigani:
GPS: 36.535917, 22.368278

ABSCHLUSS MESSENIEN

Nach Tagen toller Naturerlebnisse wollen wir wieder Strecke machen. Also fahren wir weiter nach Norden, durchqueren die große Hafenstadt Kalamata und biegen dann auf die kleine Straße ab, die entlang der Ostseite Messeniens verläuft. Bald erreichen wir Koroni und es wäre schade, hier vorbeizufahren, denn selten sieht man in Griechenland eine so ursprünglich erhaltene, übersichtliche und lebendige Hafenstadt. Hier finden wir noch viele alte Handwerksläden und ein sehr gemütliches Lokal mit uralter Einrichtung. Wir essen frischen, gegrillten Oktopus zu Mittag und fahren gut gestärkt und bester Stimmung zur Landspitze Messeniens.

Restaurant Bogris 2
24004 Koroni, Tel. +30 272 5022947
GPS: 36.796758, 21.956271

Geografie und Vegetation Messeniens unterscheiden sich sehr von der wilden Mani-Landschaft: Hier wirkt alles lieblicher und ländlich kultivierter. Zwischen sanften Hügeln sehen wir immer wieder Gemüsefelder und viele Olivenhaine. In Vasilitsi endet die feste Straße und wir rollen auf einer Piste bis zum Kalamaki Beach. An diesem kleinen Sandstrand wollen wir die Nacht verbringen und finden einen guten Platz unter Bäumen. Wir stehen ganz allein am Meer, machen des Nachts ein schönes Feuer und baden am Morgen in kristallklarem Wasser. Ein herrlicher Spot, allerdings nur unter der Woche, denn die Einheimischen wissen diesen Ort am Wochenende zu schätzen.

Standplatz am Kalamaki Beach:
GPS: 36.745701, 21.905085

Dann kommt unser letztes Kap an die Reihe: Vom Kalamaki Beach schlängelt sich eine interessante, gut fahrbare Piste durch Schilf und Felder quer über die Hügel. Sie ist mit Navi-Hilfe problemlos nachvollziehbar, aber nur für schmale Campervans zu empfehlen. Es geht einmal im Halbkreis um eine Kuppe, bis der Weg nach Süden zum Meer hin abfällt und an einem einsamen Standplatz mit Ministrand endet. Im letzten Stück ist die Piste ziemlich steil, für unseren 4×4-Camper aber kein Problem.

Standplatz am Selitsa Beach, Kap Akritas: GPS: 36.724083, 21.879333

Wir sind begeistert von diesem Platz am Selitsa Beach: Vor uns sehen wir Bevetiko Island, nur ein Segler liegt in der Bucht vor Anker. Es gibt zwei bildschöne Standplätze am Wasser, der westlich gelegene grenzt an einen flachen Kiesstrand, wo wir erst einmal ausgiebig baden. Hier wollen wir den ganzen Tag verbringen, über die Felsen wandern und dann in der Nacht die Sterne beobachten.

ZURÜCK NACH NORDEN

Selitsa Beach ist ganz nach unserem Geschmack, aber die Zeit drängt: Unser lange im Voraus gebuchter Termin für die Fähre von Patras zurück nach Venedig lässt sich nicht verschieben. Also wenden wir uns wieder nach Norden und trösten uns damit, dass es an der Westküste Messeniens noch viele sehenswerte Badespots gibt. Wir machen Strecke und fahren bis Pylos. Ganz in der Nähe liegt Voidokilia, die Ochsenbauchbucht, die wir auf keinen Fall auslassen wollen. Sie ist ein sehenswertes Stück Natur – und die wohl schönste, sehr karibisch anmutende Badebucht Messeniens. Wir fahren durchs Lagunenland und danach über Sandpisten zum letzten Standplatz unserer Tour: Divari Beach.

Standplatz am Divari Beach nahe der Ochsenbauchbucht (Voidokilia): PS: 36.952444, 21.661361

Am Abend unternehmen wir eine herrliche Wanderung zur nahen Festung Palaiókastro. Von hier lässt sich die ganze Bucht überblicken und wir führen uns vor Augen, wie es wohl aussah, als dort unten die Seeschlacht von Navarino tobte. Bald darauf sitzen wir bei Mythos-Bier vor dem Bus und denken ans Schlafengehen. Denn morgen fahren wir bis Patras, das sind mehr als 200 Kilometer. Wie schön, an diesem Platz unsere Peloponnes-Tour noch einmal Revue passieren zu lassen!

Oben links: Lieblingsplatz am Skoutari Beach
Oben rechts: Selitsa Beach am Kap Akritas
Unten: Frühes Licht am Kap Tigani

West-Ost-Passage

Glücksmomente

Wir stehen frei am Orange Beach, einem Stück griechischer Karibik, und atmen den Duft von Minze, Thymian und Pinienharz.

TOURENLÄNGE
Rund 490 Kilometer

START UND ZIEL
Vom griechischen Thessaloniki zum türkischen Çanakkale

0
50 km
N
Pleven
Vraca
BULGARIEN
SOFIA
Sliven
Jambol
Stara Zagora
Plovdiv
Blagoevgrad
Dimitrovgrad
Haskovo
Edirne
TÜRKEI
Alexandroupolis Campingplatz
Dráma
Xánthi
Komotiní
Néstos
Séres
Strimónas
Kilkís
Nigríta
Axiós
Kavala
Makri
Alexandroupolis
Ípsala
Keşan
Standplatz am Fährhafen
Thessaloniki
Platanorema Farm
Stavrós
Stageira
Thassos
Thrakikó Pélagos
Samothráki
Thérmi
Stratóni
Camping Platanitsi
Ege
Gelibolu
Dardanellen
Standplatz am Fährhafen
Chalkidiki
Standplatz am Orange Beach
Boomerang Cafe Bar
Kateríni
Nea Moudania
Nikiti
Gökçeada
Eceabat
Çanakkale
Parthenonas
Sarti
Standplatz Kumkale
Kalamítsi
Kap Sithonia
Kumkale
Tevfikiye
Standplatz bei Erenköy
Límnos
Bozcaada
Standplatz am Pallini Beach
Camping Tsitreli
Denizi
Troia Pension & Camping
Edremit
Ág. Efstrátios
Vólos
Ayvalik
Alónnisos
Skópelos
Lésvos
Skíros
Évia
TÜRKEI
Psará
Halkida
IZMIR
Híos

ZEITREISE ENTLANG DER VIA EGNATIA

Klosterberge, Marmorklippen und ein Pferd aus Holz

Von Thessaloniki fahren wir durch Nordgriechenland nach Osten, zur Meerenge der türkischen Dardanellen. Diese spannende und aufregende Tour führt uns über historische Wege von Europa nach Asien. Unterwegs erkunden wir unter anderem den wunderbaren Dreizack Chalkidike und begeben uns schließlich auf die Spuren des Trojanischen Pferds.

DAS TOR NACH ASIEN

Schon seit Jahrhunderten transportieren Kaufleute ihre Waren über die Via Egnatia von Osten nach Westen – und umgekehrt. Der gepflasterte Weg diente als Landverbindung Griechenlands mit Asien: Fortsetzung der Seidenstraße und Bindeglied zwischen Adria und Schwarzem Meer, Rom und Konstantinopel. Bis heute wurde die Trasse freilich vielfach überbaut, begradigt und durch Brücken geebnet. Zweites Standbein des Verkehrs ist Thessalonikis Hafen. Er verbindet wichtige Handelslinien zwischen Nord und Süd, Ost und West. Tausende von Containern kommen durch den Suezkanal und werden dort auf Bahnschienen Richtung Balkan und Osteuropa umgeladen.

Oben: Kunst am Meer
Unten: Salonikis Wasserfront

IN DER HAUPTSTADT MAKEDONIENS

Thessaloniki ist bekannt für seine studentische Atmosphäre: Die mehr als 50 000 Studierenden der Aristoteles-Universität sorgen für buntes Leben auf Straßen und Plätzen. Wir besuchen die spannende Metropole vor allem, um die musikalischen Darbietungen auf der Straße zu genießen. Die sind so vielfältig wie die Mischung der Kulturen: Im Siggrou-Viertel versammeln sich die Menschen am Wochenende vor den Tavernen. Sie hören Musikern zu, die Melodien aus Griechenland, dem Balkan, Nordafrika und dem Nahen Osten zum Besten geben – speziell zwischen Egnatia- und Dragoumistraße. Hier geht es recht zwanglos zu: Manche sitzen auf Kisten, andere gleich auf dem Bordstein – und wir sind mittendrin.

Szene-Treff in der Siggrougasse:
GPS: 40.639164, 22.941354

Um bis in den Morgen Musik zu hören, haben wir den Camper auf einem bewachten, gebührenpflichtigen Parkplatz am Hafen abgestellt. Wieder zurück von der Straßenparty, verbringen wir hier den Rest der Nacht, mit Ohrenstöpseln gegen den Lärm der benachbarten Clubs gewappnet. Viel Schlaf finden wir nicht. Aber das schöne Erlebnis im Siggrou-Viertel war es wert.

Recht lauter Standplatz am Fährhafen Thessalonikis:
GPS: 40.634722, 22.935000

Am Morgen entdecken wir das nebenan liegende, sehr coole »Maritime Cafe & Water Sports Museum« am Leoforos-Nikis-Boulevard: Hier gibt es guten Kaffee und wir frühstücken ausgiebig mit Blick aufs Wasser. Ein paar Schritte weiter residiert das Kunstzentrum MOMus-Experimental Centre for the Arts (Pier A, Halle B1; momus.gr/en). Wir schauen ein paar interessante Exponate an und laufen entlang der Wasserfont weiter zum Leoforos-Nikis-Platz. Dort umrunden wir den Weißen Turm, setzen uns an die Uferpromenade und schauen lange auf den weiten Thermaischen Golf.

Gut zu wissen

FREIES STEHEN

Wildcampen ist in Griechenland nicht erlaubt, wird aber an vielen Orten geduldet, wenn man sich an die normalen Regeln hält: keine Utensilien vor dem Bus aufbauen, Bauern, Fischer oder Anwohner, wenn sie vorbeikommen, um Erlaubnis bitten und Plätze nicht dauerhaft okkupieren. In der Türkei gibt es keine gesetzlichen Einschränkungen fürs Wildcampen. Und auch die Anwohner sehen die Sache wohl entspannt: Soweit die Kommunikationsbarrieren das zulassen, sprechen sie die fremden Besucher freundlich an. Zuweilen treffen wir Türken, die eine familiäre Verbindung nach Deutschland haben und zu einem Schwatz aufgelegt sind.

CHALKIDIKES FINGER KASSANDRA

Erste Station in freier Natur auf unserem Weg nach Osten ist die dreifingrige Halbinsel Chalkidike. Sie teilt sich in Kassandra, Sithonia und das von Mönchen besiedelte Athos im Osten. Dort ragt der gleichnamige, 2000 Meter hohe Gipfel in den Himmel. Diese Landschaft hat sportli-

Oben: Hawai-Stimmung am Kriaritsi Beach
Unten: Stiller Strand bei Kalamitsi

chen Campervan-Travellern viel zu bieten: Es gibt wunderbare Buchten und eine Vielzahl ausgeschilderter Wanderwege.

Der Finger namens Kassandra gilt als der touristisch am besten erschlossene. Trotzdem finden wir ein paar schöne Standplätze am glasklaren Wasser. Wir fahren zunächst auf der Nr. 24 nach Süden und biegen bei Néa Fókea auf die schmale Küstenstraße, die nah am Wasser verläuft. Bald queren wir Kallithea und erreichen den kleinen Ort Pefkochori. Südlich öffnet sich der wunderbare Glarokavos Beach. Davor liegt eine kleine Lagune, die über eine schmale Passage mit dem Meer verbunden ist.

Wir haben es auf die Spitze der östlich gelegenen Landzunge abgesehen und erreichen diesen Traumplatz über eine passabel fahrbare, etwa 500 Meter lange Buckelpiste. Unter Pinien richten wir uns am weißen Kieselstrand gemütlich ein, spannen die Hängematte zwischen die Bäume und springen gleich ins Wasser. Und plötzlich, wir wollen kaum unseren Augen trauen, kommen Delfine vorbei: Sie drehen ihre Runden und spielen im klaren Wasser.

**Standplatz am Pallini Beach bei Pefkochori, nördlich des großen Glarokavos Beach:
GPS: 39.9821, 23.6619**

LANDZUNGE SITHONIA

Später kommt Sithonia an die Reihe. Diese Landzunge ist weniger erschlossen und wir sind gespannt auf die Strände, die zu den schönsten in ganz Griechenland zählen sollen. Von Kassandra kommend, biegen wir bei Nea Moudania auf das schmale Sträßchen nach Gerakini ab. Von dort fahren wir langsam die Westseite des Fingers entlang: über Nikiti und Elia bis Toroni. Hier sind wir schon an der Kuppe des Fingers.

Unser Ziel ist wieder einmal das »Land's End«: Kap Sithonia. Unterwegs schauen wir auf den schönen Secret Beach hinab und kommen dann zu einer Konterbucht, wo sich zwei Strände berühren. Hier gibt es einige Standplätze, manche sind schon von anderen Travellern besetzt. Mit unserem Allrad-Bus schaffen wir es noch ein Stückchen weiter durch den Sand und stehen bald auf einsamem Posten über dem Meer. Ein sehr schöner Spot in wilder Natur. Wir richten den Camper günstig zum Wind aus und wandern erst einmal zum benachbarten, herrlichen Kap Drepano. Wieder zurück, werfen wir den Gaskocher an und lassen nach dem Essen zufrieden den Tag ausklingen.

**Secret Beach, Kap Sithonia:
GPS: 39.939912, 23.932705**

Unsere nächste Station ist die Bucht von Kalamitsi. Sie liegt am südlichen Ende des Ostufers Sithonias und mutet mit ihrem hellen Sand und dem klaren blaugrünen Wasser karibisch an. Hier checken wir auf dem Campingplatz Tsitreli ein, denn dieser ist wirklich verlockend. Wir ergattern einen schönen Platz und freuen uns über die Gespräche mit der freundlichen Besitzerin. Am Abend laufen wir ins Dörfchen am Wasser, setzen uns vor die Zorbas-Taverne (zorbas-halkidiki.hpage.com) und genießen die lebendige Atmosphäre dieses hübschen Ortes.

Camping Tsitreli
63072 Kalamitsi,
Tel. +30 2375 042086,
tsitreli.gr/index.php/en
GPS: 39.992744, 23.992063

Wieder unterwegs nach Norden, vorbei am riesigen Strand von Paralia Sikias, erreichen wir bald Sarti, wo wir fasziniert auf einen langen, goldgelben Sandstrand blicken. Hier machen wir Pause und genießen vor der Ladario Beach Bar am nördlichen Ende des Strandes die herrliche Südseestimmung.

Auf der Weiterfahrt passieren wir den Platanitsi Beach und finden oberhalb des Orange Beach einen sehr schönen freien Standplatz. Hier gibt es viel Landschaft nach unserem Geschmack. Überall wuchert die Macchia und es duftet nach Minze, Salbei, Kamille, wildem Thymian, frischem Gras und herbem Pinienharz. Wie herrlich, am Orange Beach ausgiebig zu baden. Am Abend sitzen wir bei Mythos-Bier an der Orange Bar und wollen gar nicht mehr weg von diesem Stück griechischer Karibik.

Freier Standplatz am Orange Beach
bei Sarti:
GPS: 40.125556, 23.970000

Der Tag darauf ist für eine Wanderung reserviert. Wir wollen den Ausblick genießen und ein bisschen was für unsere Kondition tun. Deshalb ziehen wir mit unserem Camper auf den sehr passablen, nahen Campingplatz Platanitsi um. Wir haben Glück und ergattern eine tolle Fläche mit Blick aufs Wasser – der perfekte Startpunkt für unsere Erkundungstour per pedes.

Camping Platanitsi
Platanitsi Beach, 63072 Sarti,
Tel. +30 2375 094535, platanitsi.gr/en
GPS: 40.118164, 23.977963
Es gibt viel Schatten und Plätze direkt
am Meer.

Die Wanderung führt auf die bewaldeten Hügel hoch über Sarti und ist ein tolles Erlebnis: Immer wieder steigt uns der Duft der wilden Kräuter in die Nase. Mal laufen wir durch Pinienwälder, mal an Getreidefeldern entlang, und auch Olivenhaine, deren Blätter silbrig in der Sonne glänzen, säumen den Pfad. Bunte Bienenstöcke stehen unter

alten Bäumen, Ziegenherden machen sich mit ihrem Gebimmel bemerkbar. Und immer wieder finden wir Kuppen, von denen der Blick weit übers Meer bis zum gewaltigen Berg Athos schweift. Nach fünf anstrengenden, aber wunderbaren Stunden, in denen es 500 Höhenmeter zu bewältigen galt, kehren wir zufrieden auf den Campingplatz zurück.

Die Wanderung bei Sarti mit Blick auf den Berg Athos findet ihr hier: komoot.de/smarttour/636554

BESUCH IN PARTHENONAS

Nach schönen Tagen in der Bucht von Sarti zieht es uns weiter. Wir wollen das »Dorf der Jungfrauen« erkunden und ein bisschen wandern. Parthenonas (40.118432, 23.812906) liegt recht abgeschieden auf der Höhe bei Neos Marmaras. In den 1970er-Jahren beinahe aufgegeben, wurde das Dörfchen von wohlhabenden Nachfahren der ursprünglichen Einwohner restauriert und ist heute eher ein Museumsdorf. Von der Taverne aus blickt man grandios bis Skiathos, über den Toronäischen Golf.

**Oben: Am Strand von Koufo
Unten links: Azurblaues Wasser und schöne Bäume überall
Unten rechts: Im Frühling ein Blumenmeer**

Infos zur Parthenonas-Wanderung bekommt ihr hier: komoot.de/smarttour/636558

BEI GRIECHISCHEN ÖKOBAUERN

Unterwegs in der tollen Landschaft der Chalkidike fragen wir uns immer wieder, wie die Bauern hier im Süden unter trockenen Bedingungen wirtschaften. Einen guten Einblick bekommen wir bei unserem Besuch auf der wunderbaren Platanorema-Farm, einem ökologisch geführten landwirtschaftlichen Betrieb, der auch Übernachtungsgästen offensteht und viele Freizeitaktivitäten bietet. Schön, dass wir hier mit dem Camper auf der Wiese übernachten können. Die Chefin Ilenia Papastergiou erklärt uns, wie eine nachhaltige Landwirtschaft hilft, Wiesen und Felder wassersparend zu bewirtschaften.

**Platanorema Farm
Epar. Od. Poligirou-Ierisou, 63076 Aristotelis, Tel. +30 6944 526416, platanorema.com/en
GPS: 40.378806, 23.694917**

ARISTOTELES' STAGEIRA

Um dem großen Aristoteles die Ehre zu erweisen, fahren wir an der Zufahrt des von Mönchen beanspruchten Athos-Fingers vorbei und besuchen Stageira. Vor Ort erfahren wir Interessantes über das Leben des Philosophen: Aristoteles wurde hier

384 v. Chr. geboren. Sein Vater Nikomachos starb schon früh, sodass Aristoteles von Proxenos, einem Freund der Familie, aufgezogen wurde. Er schickte Aristoteles im Alter von 17 Jahren nach Athen, damit er Schüler von Platon werden konnte. All das führen wir uns anhand von Tafeln und dem Web stilvoll vor Augen – mitten im schönen, wie informativen Aristoteles-Park.

Aristoteles-Park
EO Thessalonikis Ierissou, 63074 Stageira, Tel. +30 2376 041327
GPS: 40.529047, 23.747467

KAVALA UND ALEXANDROUPOLIS

Nach ausgiebiger Erkundung der Halbinsel Chalkidike fahren wir in die Hafenstadt Kavala. Die Stadt war einst Zentrum des Tabakhandels: 14 000 Menschen arbeiteten in Sachen Verarbeitung und Verschiffung der wertvollen Blätter. Wenig davon ist übrig. Die Warenlager, Speicher und Tabakkontore sind leider verschwunden. Schön anzuschauen ist der Hügel über dem Fährhafen, wo noch einige alte Stadthäuser stehen. Das Wahrzeichen der Stadt, ein beeindruckendes und in Resten erhaltenes Aquädukt, hat seinen Ursprung in der römischen Zeit.

Auf unserem Weg zur türkischen Grenze lernen wir eine weitere wichtige Hafenstadt

Griechenlands kennen: Alexandroupolis hieß früher Dedeağaç und liegt in Westthrakien am Fluss Evros. Die Mitte seines Laufs bildet die Grenze. Der geografischen Lage im Dreiländereck entsprechend, dominieren in der Stadt östliche Warensortimente: Kleidung und Schuhe aus China und der Türkei, Nüsse und Datteln aus Arabien. Gut sichtbar ist das am Donnerstag auf dem Bauern-Wochenmarkt und täglich auf dem offenen Basar, der sich über Straßenränder und Parkplätze in Hafennähe ausbreitet. Nach Osten orientiert sich auch der Hafen: Er wurde in mehreren Ausbauwellen modernisiert und bildet einen Brückenkopf zu den Ländern am Schwarzen Meer.

Der Alexandroupolis Campingplatz liegt am Meer und hat Strandzugang: Makris 281, Tel. +30 2551 026055, tieda.gr/en GPS: 40.84661, 25.85492

VORBEI AM EVROS-DELTA

Wir sind ganz angetan von dieser fruchtbaren, sehr grünen Gegend, wo Baumwolle, Sonnenblumen und Sesam zur Ölgewinnung sowie Zuckerrüben und Getreide angebaut werden. Hier könnte man schöne Natur genießen und viele Vögel beobachten. Doch wir beschränken uns auf die langsame Fahrt entlang der E85, die stellenweise noch den Landstraßencharakter der Via Egnatia erahnen lässt. Rechter Hand zum nahen Meer und ins Delta des Nationalparks biegen viele Sträßchen und Pisten ab. Ein

Chalkidiki, Athos immer im Blick

Abstecher wäre verlockend, aber wir bekommen die vielen Lagunen, Inselchen und Salzwiesen mit tausenden Reihern, Pelikanen und Flamingos nur von fern zu Gesicht. Für uns geht es weiter ostwärts, Richtung Kipoi, dem Übergang zur türkischen Grenze.

IN DIE TÜRKEI NACH GELIBOLU

In Kipoi/İpsala mit dem Campervan über die Grenze in die Türkei zu kommen, ist keine schnell zu erledigende Angelegenheit. Zwar brauchen wir keine besonderen Papiere, dennoch sind die Wartezeiten beträchtlich. Endlich drüben, biegen wir bei Keşan von der E84 auf die E87 nach Süden ab, später auf die O6 und dann rollen wir durch eine fruchtbare Agrarlandschaft mit großen Feldern bis Gelibolu.

Die Hafenstadt Gelibolu ist unser letzter Posten auf dem europäischen Kontinent. Gegenüber, jenseits der Dardanellen-Meerenge, sehen wir von unserem Stellplatz aus das asiatische Ufer. Nach angenehmer Nacht am Fährhafen erfreuen wir uns an der großartigen Sicht auf den regen Schiffsverkehr.

**Unser Standplatz am Fährhafen von Gelibolu:
40.406665, 26.667051**

Im Ort entdecken wir zwei schöne Konaks: Das sind alte Holzhäuser, mit hübschen Räumen zum Ausruhen, Essen und Entspannen. Der Gelincik Konagi mit dem schönen Namen Mohnvilla hat uns am besten gefallen. Wir werden aufmerksam bedient und erfahren so manches über die Geschichte dieses Hauses. Denn die beiden Chefinnen, Schwestern, kennen Berlin und sprechen passabel Deutsch. Sie sind Süßspeisen-Spezialistinnen, bekannt im ganzen Ort und wollen das Haus leider bald ihren Nachfolgern übergeben. Wann der Konak geöffnet hat, muss man künftig vor Ort erfragen.

**Fischtaverne Müzeyyen
Hocahamza Mahallesi Balıkhane
Sokak 4, Tel. +90 544 5669093
40.405325, 26.671694**

Der alte Bereich am Fischereihafen im Zentrum Gelibolus ist noch erhalten. Um das Hafenbecken herum gibt es eine Menge Restaurants und Tavernen, die in betagten Gebäuden und auf Holzterrassen über dem Wasser Fischgerichte anbieten. Hier einen Abend zu verbringen und dem Treiben der Fischer und Fährleute zuzuschauen, ist eine schöne Einstimmung auf das Leben an den türkischen Küsten. Bis vor einigen Jahren war dieser Hafen Brückenkopf des Fährverkehrs nach Asien und entsprechend von Autos, Lastwagen und Reisebussen belagert. Heute entlastet die neue Brücke den alten Knotenpunkt.

VON ECEABAT ÜBER DIE DARDANELLEN

Nach angenehmer Nacht am Leuchtturm rollen wir tags darauf über die E87 Richtung

Eceabat. Nach wenigen Kilometern kommt die neue Dardanellen-Brücke in den Blick. Gemessen an ihrer Spannweite von 2023 Metern firmiert die gewaltige Konstruktion als längste Hängebrücke der Welt. Sie überspannt am westlichen Ausgang des Marmarameeres die Dardanellen und wurde am 18. März 2022 eröffnet.

Der kleine Ort Eceabat ist in der Türkei weltberühmt, denn hier siegten die Osmanen in der Schlacht von Gallipoli gegen die Entente-Mächte während des Ersten Weltkriegs. Wir lassen Geschichte aber Geschichte sein und machen lieber Rast im Boomerang Cafe, einer lustigen Bar am Wasser, die als Treffpunkt vieler Campervan-Traveller dient. Der Wirt Mesut übt sich in internationaler Kommunikation, lässt den Raki strömen und lädt uns ein, seine Gerichte zu probieren und hier die Nacht zu verbringen.

Boomerang Cafe Bar
Kemalpaşa, Cumhuriyet Cd. 94
GPS: 40.190874, 26.357720

In Eceabat starten eine Menge Fähren hinüber nach Çanakkale. Für umgerechnet sieben Euro schiffen wir uns ein und zelebrieren den Sprung mit dem Campervan von Kontinent zu Kontinent. Andächtig füllen wir drei Gläschen Raki. Zwei sind für uns und eins geht ins Wasser – mit Grüßen an Erasmus, den Patron der Seefahrer: Möge er uns noch viele glückliche Fahrten über die Gewässer gewähren! Interessant, was sich unter der Wasseroberfläche der Dardanellen abspielt: Bedingt durch den fast doppelt so hohen Salzgehalt des Mittelmeers gegenüber dem Schwarzen Meer fließt hier eine Strömung von Ost nach West, weiter unten in entgegengesetzter Richtung.

Nach 30 spannenden Minuten Schiffsreise über makellos blaues Wasser, zuweilen unter den rauschenden Rümpfen gewaltiger Containerriesen hindurch, betreten wir Asien.

VIEL GESCHICHTE IN ÇANAKKALE

Am Fähranleger der Stadt herrscht reges Treiben. Im Abendlicht wirkt die Ufermeile mit ihren unzähligen Cafés und Restaurants sehr einladend. Wir stellen den Bus auf einem bewachten Parkplatz ab und bummeln zwischen asiatischer Uferkante und Çanakkales historischem Zentrum umher. Schnell entdecken wir die Dachterrasse der Filika-Bar. »Rettungsboot« nennt Besitzer Erkan sein schönes Etablissement – und hat einiges zu bieten. Offenbar ist dieser Platz Kult bei den Jugendlichen der Gegend. Viele Livekonzerte werden auf kleinen Plakaten angekündigt und im Parterre ist Hip-Hop zu hören.

Filika Bar – überm Eingang nennt sie sich jetzt auch Müptela
Yalı Cadesi 47/2,
Tel. +90 543 8497500
GPS: 40.149134, 26.400431

Im Stolz auf die Nation ließ die türkische Regierung in Çanakkale zahlreiche Denkmäler errichten und alte Ruinen sorgsam restaurieren. Mit am bekanntesten ist das Kriegsdenkmal Çanakkale Şehitleri Anıtı, das sich imposant direkt am Meer erhebt und an die in der Schlacht von Gallipoli gefallenen türkischen Soldaten erinnert. Eng verbunden sind Stadt und Region aber auch mit Homers Legenden – viele Forscher verorten das antike Troja an der nahen Ausgrabungsstätte Tevfikiye. Çanakkales beliebte Touristenattraktion ist daher das hölzerne Trojanische Pferd an der Hafenmeile, eine Film-Requisite aus Wolfgang Petersens 2004 gedrehtem Streifen »Troja«.

Architektonisch interessanter ist der Yalı Han mit seinem schönem Café im Innenhof an der Fetvane-Gasse. Auch diese Mauern erzählen Geschichten von Troja, wie uns der Kellner verrät: Osman Koffman, der Ausgrabungsleiter des deutschen Archäologen Schliemann, hat hier residiert, während sein berühmter Chef 30 Kilometer südlich, in Tevfikiye, die Überreste Trojas und den Schatz des Priamos suchte. Jetzt ist diese herrliche, von blau blühenden Ranken gekrönte Karawanserei ein Kulturzentrum mit Café sowie eigenem Gast- und Ausstellungshaus.

Yalı Han
Kemalpaşa, Fetvane Sokak 31
GPS: 40.148465, 26.400602

Um die berühmte Meerenge richtig auf uns wirken zu lassen, fahren wir auf der E87 nach Südosten und übernachten bei Erenköy am Meer. Hier gibt es zwar nicht viel Landschaft, denn alles ist flach und wenig bewachsen. Umso interessanter ist das Hin und Her der großen Schiffe, die sich vor unserer Nase unter vernehmlichem Maschinengewummer am Horizont vorbeischieben. Wir sind froh, dass in der Türkei das Freistehen kein Problem ist. Dadurch rasten wir deutlich entspannter an so spektakulären Orten wie dem Ufer der Dardanellen.

Unser Standplatz bei Erenköy:
GPS: 40.016667, 26.313611
Ein weiterer guter Platz ist bei Kumkale, ebenfalls am Ufer der Meerenge:
GPS: 40.0069, 26.2072

TROJANISCHE RUINEN

Zuletzt besuchen wir, 30 Kilometer südlich von Çanakkale, die Ausgrabungen von Troja bei Tevfikiye. Der Fundplatz gehört zum UNESCO-Welterbe. Wenige hundert Meter vom Ausgrabungshügel entfernt, am Rande des Dorfes, wurde 2018 das Troja-Museum eröffnet. Nun steht es als rostroter, quadratischer Monolith inmitten von Olivenbäumen und grünen Feldern in der Landschaft und

| Gelibolus Hafen am Abend

GELİBOLU BALIK RESTAURANT
17OOD 0814

17.00.D.0993

zeigt auf 3000 Quadratmetern Ausstellungsfläche Artefakte aus der antiken Stadt. Den Bus stellen wir vor dem Restaurant Troia Pension ab. Die nette Wirtin erzählt uns viel über diesen Ort und erlaubt uns, im kleinen Park die Nacht zu verbringen.

Troia Pension & Camping
17100 Tevfikiye, Tel. +90 286 2830571,
troiapension.com
GPS: 39.9564, 26.2499

Mehr (englischsprachige) Infos über das Museum bekommt ihr z. B. hier: turkisharchaeonews.net/museum/troy-museum

es ein großes Amphitheater zu bewundern gibt. Auf der Weiterfahrt lockt der Binnensee Bafa Gölü, der aus einem Meerbusen entstand. Schön ist dort das Dorf Kapıkırı, hier kann man gut mit dem Camper übernachten. Im Ort residiert die Agora Pansiyon, die herrliche Wandertouren ins Latmos-Gebirge organisiert.

Standplatz am Bafa-See bei Kapıkırı:
GPS: 37.5013, 27.5224

Die Agora Pansiyon in Kapıkırı veranstaltet Wanderungen in kleinen Gruppen: Tel. +90 532 4163996,
agorapansiyon.com/de
GPS: 37.502028, 27.526472

TIPPS FÜR TRAVELLER MIT ZEIT

Mit dem Besuch von Troja endet unsere Reise, wir müssen zurück. Wer mehr Zeit hat als wir, kann entlang der türkischen Westküste noch viel entdecken: Nirgendwo sonst erzählen so viele steinerne Zeugnisse Geschichten von historischer Seefahrt und antikem Landleben. Da sind zum Beispiel die alte Stadt Selçuk und die antike Siedlung Ephesos (37.943593, 27.341956), wo

Oben: Im Fähr-Hafen von Ecebat
Unten: Der antike Doppelhafen von Knidos

Westlich des Sees gibt es die Reste der antiken Stadt Milet (37.530431, 27.274568) zu bestaunen. Sie stand einst auf einer Landzunge, die weit in den offenen Golf ragte. Vom Meer ist nichts mehr zu sehen und die uralten Hafenanlagen sind trockengefallen.

Auf dem Weg weiter zur Datça-Halbinsel ist der hübsche Kleopatra-Strand (36.992556, 28.258076), wo ein kleiner Fluss in die Bucht von Gökova mündet, einen Stopp wert. Er liegt in der Nähe des Dorfes Çamlı kurz vor Marmaris. Und schließlich lohnt auf der wunderschönen Datça-Halbinsel mit ihren vielen Buchten und Stränden das antike Knidos (36.685577, 27.376176) einen Besuch.

REGISTER

IMPRESSUM

Verantwortlich: Kerstin Thiele
Lektorat: Michaela Zelfel
Layout: Eva-Maria Klaffenböck
Repro: LUDWIG:Media
Kartografie: Huber Kartografie
Herstellung: Alexander Knoll
Printed in Poland by CGS Printing

Sind Sie mit diesem Titel zufrieden? Dann würden wir uns über Ihre Weiterempfehlung freuen. Erzählen Sie es im Freundeskreis, berichten Sie Ihrem Buchhändler, oder bewerten Sie beim Onlinekauf. Und wenn Sie Kritik, Korrekturen, Aktualisierungen haben, freuen wir uns über Ihre Nachricht an Bruckmann Verlag, Postfach 40 02 09, D-80702 München oder per E-Mail an lektorat@verlagshaus.de.

Unser komplettes Programm finden Sie unter

www.bruckmann.de

In diesem Buch wird aus Gründen der besseren Lesbarkeit das generische Maskulinum verwendet. Weibliche und anderweitige Geschlechteridentitäten werden dabei ausdrücklich mitgemeint, soweit es für die Aussage erforderlich ist.

Bildnachweis
Alle Bilder im Innenteil und auf den Umschlagseiten stammen vom Autor.

Umschlagvorderseite: o.l. Badeplatz an der Côte d'Azur, m. Imperia, Ligurien, o.r. Fischerhafen von Gerolimenas, Peleponnes, u. Am Strand von Zvernec, Albanien
Umschlagrückseite: Standplatz unterm Monte Cofano

Die Deutsche Nationalbibliothek verzeichnet diese Publikation in der Deutschen Nationalbibliografie; detaillierte bibliografische Daten sind im Internet über http://dnb.d-nb.de abrufbar.

ISBN 978-3-7343-2851-0